高效对话

EFFECTIVE CONVERSATION

练就直击人心的关键对话力

4 Steps to Fulfillment

金莉娜◎著
（娜些年华）

中国法制出版社
CHINA LEGAL PUBLISHING HOUSE

推荐序

你生命中的藏宝图

初次见到娜娜时，她和我在许多企业里看到的工作者一样，她的生命状态、能量是紧绷的，处在一种无意识的情绪状态中。但是我发现她的生命力和行动力很强，更重要的是那种敏锐的直觉，这一面之缘让她开始跟我学习。在学习过程中，她有一种“顶针”精神，经常会向我提问，一定要把不清晰的地方弄明白。

心教练的体系中有每日的晨练，无论寒暑，早上6:00准时开始教练对话。娜娜属于那种全勤的好学生，她这种专注学习的态度，也是一个人想要活明白的渴望和内驱力。在这每天两个小时，总计500余次的历练中，我见证了她生命的蜕变，而这本书恰恰是她蜕变后的沉淀。

关于高效对话，绝对是心对话，是连接人、打开心、促进事。

心教练的对话辅导，是在人心上工作，所以会直达、会高效。

这个过程，也促成了许多像娜娜一样的心教练们，促成了他们的生命的成长和生涯的发展。

我很高兴看到娜娜将她从自我探索到自我发现和发展的生命智慧分享给大家。

这些坚持生命探索的心路历程就像是我们生命中那一张最珍贵的藏宝图，虽然你不知道最终你会找到的宝藏是什么，但是寻找的过程中你很快乐和笃定，因为这一路的探索一直是通往你的心之所向。

当你在途中遇见一朵美丽的生命之花，你会很开心地发现自己也正在绽放中。

三生有心——东方心教练Eva

自 序

娜这个人

对于说话，我曾经是一个有执念的人，这源于大学之前我一直都是一个严重的口吃患者。

我依然记得小时候去别人家里玩，每次到了要说再见的时候，因为不能连贯地说出“再见”两个字，我总是不辞而别，这让别人对我形成了没有礼貌的印象。

现在回想起来，我当年有一个根深蒂固的限制性信念——说话这件事是天生的，它就是在和家人、亲戚、邻居日常的交流中，耳濡目染、自然而然地形成的。遗憾的是，我从小成长在单亲家庭中，亲友中也没有特别擅长待人接物的。

因为有了这个限制性的想法，大学前我从来都没有在口才上下过什么功夫，想想反正都是先天的，怎么努力也没用。这像是一个恶性循环：因为很少讲话，得不到这方面的训练，我就变得越发内向；因为内向，我就更加把自己包裹起来，更少讲话，这很像是心理学上的一个概念——防卫机转。一有情况我就会缩回去，把自己严严实实地封闭起来。

这一切的改变源自一个看似很偶然的机会。

大一的时候学校请来了一位副教授来给我们做讲座，整场都很精彩，在快结束的时候，系主任问我们还有什么问题要问。当时有一位同学问了一个并不算多么艰涩的问题，没想到这个副教授回答得支支吾吾的，还有些磕巴。这对于刚上大学的学生来讲，实在是太奇怪了，我想了一个礼拜也没有想明白为什么会出现这种情况。

那时还没有像“得到”、“混沌”这样的APP教导我们如何去思考，我思来想去最后得出了这样的结论：这个副教授可能和我一样吧，都很内向，说不定也是个结巴，只不过他准备得充分而已，如果经过这么充分的准备，我也可以的。

这是人生中我第一次体会到正向的想法，并付诸了积极的行动。我报名了学校的演讲比赛，演讲稿改了十几遍，站着背，坐着背，躺着背，走着背，今天背，明天背，翻来覆去地背，认真体会每一个手势动作。站在台上的时候也很坦然，因为自己就是一个“光脚的”也不怕什么，没想到竟意外地拿了全校演讲的第一名。

这张曾经让我尝过千般苦的嘴，终于在那一刻喂了我一口甜。

因为这次比赛带来的信心，早在“超女”还没有海选的2004年，我就参加了央视《挑战主持人》的海选，幸运地站在了那个最终的舞台上。

图1　2004年参加央视《挑战主持人》

因为这些经历，毕业后我进入了一家电视台，做起了记者兼播音。那时的我已经打破了“说话先天论”的禁锢，开始有意练习在镜头前的表达，渐渐地从“金N条”来到了“金一条”。在这个岗位上我一干就是13年，像个女汉子一样，扛着十几斤的摄像机，深入井下负三四百米的地方去采访。

图2　右图在-480m井下采访

转眼人到中年，当我想要走出体制的时候，说话这个技能又一次帮到了我，带着这个技能跨界的我做起了“60″演讲”教练。

这个职业生涯的转型看似带来了新的生机，但同时也让我感到了对未来发展的困惑。

第一，做一名演讲的讲师，讲一门这样的课程，其实每天就是在重复这些技巧、内容。我内心并不喜欢这种简单的重复，总感觉这不是我真正想要的。但我真正想要的是什么，我也并不清楚。

第二，我发现虽然我挺擅长公众表达的，但我与人的关系实在很一般，对于如何通过表达增进关系这一点，我自己也还在探索中。

第三，我困惑的是沟通表达类的书籍或课程，一直都是畅销榜的顶端，可为什么这么多人买了书，听了课，还是不会说或者还是不会讲？一到工作生活中还是“抓瞎”的状态。

作为一个教大家说话的老师，我反求诸己，我尝试着根据问题、场景等因素将这些情况进行分类，但有一个问题是我无法解决的，现实中的沟通场景，它就是瞬间一来一回的，你说两句，我说两句，那是充满着不确定性的，不管你做了多么充分的准备，你就是不能把对方即将表达的未知全部填满。这对于一个较真的人来讲着实是一种痛苦。我感觉自己陷入了枝节中，但我真的不知道那个根在哪里，真的不知道我该怎么去教了。

带着这些困惑，我做了一个非常大胆的决定，一个即将到不惑之年的中年老阿姨，离开了稳定工作生活了十几年的小县城，“世界那么大，我想去看看”，于是，我当完了海漂当北漂，这期间我卖过文案，做过运营，还折腾过区块链……

我在20多岁大学毕业的时候都不曾有这样的勇气，而到了这个年纪，却有一股力量推动着我，一直不停地向前探索，我想那股勇气就来自我心底发出的声音，我就是想要去探究此生我所为何来。这个力量太巨大了，它轻松地战胜了种种怯弱、犹豫。

人生因缘际会，很有幸，在漂来漂去中我遇见了我的恩师——东方心教练的创始人EVA。

东方心教练是EVA老师历经40年的专业学习、实践，发展的一套专业助人、助人专业的学习系统，它融合了西方的心理学、教练技术、能量学，东方的阳明心学，是集东西方智慧于一体的一套落地的育人体系。

这套体系奉行终身晨练，所谓终身晨练就是学员每天早上分角色来进行对话练习，老师最后在大家不清晰、有困惑的地方给大家做督导（督导是教导、指导、辅导的整合）。

在这个学习体系中，我开始了雷打不动的每天早上6:00的对话练习，无论是在什么角色中，我发现最后还是要回到自己，自我觉察，自我了解，自我发现。

透过一次次有觉察的对话，我开始反思我的关系，我发现自己在说话的时候，有太多的“我我我”，如我的想法、我的观点、我的标准等。每次开口都带着一股想要说服对方的能量，总想在关系中争当最佳辩手。“从来没有一只耳朵能被嘴巴说服”，透过对话，我有了这些对于自己的看见，我在讲话的时候，越发带着觉知，关系也越来越融洽和谐。

当人开始扎根了，才会发现原来执迷于枝枝丫丫的自己，一直渴望从外在的技巧上深谙表达这件事，但越做就会越迷离，抛开了对自己的觉察，而想通过技巧去掌控谈话，那是缘木求鱼。

EVA老师说，所谓对话，是对得上，是彼此核对，而不是对立，也不是独白，对话有互动，有聆听、回应、提问，彼此有交集、共识、共创，有满足感和被了解感。

我在这个体系中浸润，被这片有机田滋养，从对话的练习，到对话的辅导，一年、两年、三年……每年1000个小时，我在这里学习、练习、见习、实习、上场。

EVA老师说，师者有四种风范，具体见图3。

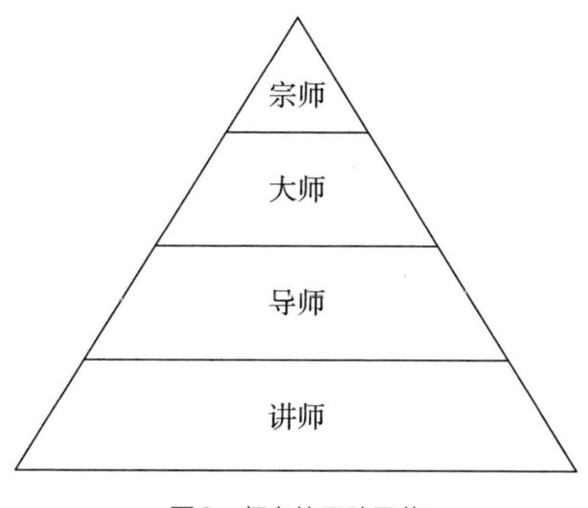

图3　师者的四种风范

第一阶是讲师，讲的内容是固定的，传授的是某一领域的知识，需要的能力是把课程演绎得使大家比较愿意听，能熟知常见问题并回答清楚。市场上绝大多数都是这样的讲师。

第二阶是导师，有根据需求做课程设计，甚至说是现场课程设计的能力，课程没有一个框框，完全是以需求为导向的，能现场处理各种状况，并在处理中给全场带来一种学习。

第三阶是大师，就像佛陀拈花微笑，大师的生命状态已然活成了一本教材，是用生命来教学。

第四阶是宗师，开宗明义，开创可传承的教学体系，有门生、弟子来弘扬传播这套体系。

原来我真正想要成为的并不是一个讲固定内容的讲师，而是能给大家的学习带来体验，透过我的活教而让学员活学的生命导师。

感谢东方心教练，它让我对人生的诸多大宅问有了清晰的回答。

在这个体系中，我们常常提到“三生”——生命、生涯、生活。

生命是了解自己，生涯是发展自己。东方心教练，练的是对话，而真正关注的是生命的发展。透由对话，自我觉察、了解。了解得越多，你跟自己的关系就会越融洽，你越能清晰地了解自己到底想要什么，什么是你的心之所向。在了解自己的基础上，去发展自己的生涯，通向的一定是你的心之所向。

从教说话到教对话，看似一字之差，但无论是现实的路，还是心路，我都已然走过了万水千山。很幸运，透过这些年对自己每日的觉察了解，我的生命、生涯、生活，已经完成了这样的整合，我现在不再有工作、生活的分裂纠结，我每天无论做什么，做的其实都是我的专业，就这么一件事。

三生合一，真的很美好！

这是对话带给我的，我也真诚地希望你能打开这扇门，了解自我、信任关系、组织发展……所有你期待的那些美好，都会不期而至。真的，美不胜收！

引 言

娜这本书

这本书是写给谁的?

写给每一个想要提升领导力的朋友。

“每个人都是自己的CEO”，是这个时代给予我们的馈赠。无论你是否在工作中有一个相应的领导的角色职位，你至少都要来领导一下你自己吧，那你和自己的关系怎么样?有没有天天和自己打架呢?当我们成立了家庭，有了孩子，三个人就成为一个家庭组织，你教育孩子的能力又如何呢?

在我服务过的企业以及辅导过的家庭个案中，绝大多数的领导、家长都期待自己的下属、孩子能够有自驱力，能够自主自发地去做事。

但遗憾的是我在做OJT（ On Job Training，做中训练）的过程中，透过他们之间的对话，我发现这个夙愿很难以他们惯有的交流方式实现。一个领导还没有听清楚下属说的是什么，就已经很不耐烦了，打断对方，直接告诉他一二三要怎么做；一个年度的计划指标直接摊派下去，每个部门要承担多少，而大家对这个指标并没有内在的连接和动力；安排布置了一项工作，觉得这很简单呀，而下属并不清楚该怎么做，甚至不知如何着手，作为领导只能干生气，一生气就想换人。结果就是很多事情被搁置了，根本无法推进。

领导有“四导”——教导、指导、辅导、督导。

大多数的领导会做的，只是教导和指导。给员工讲些大道理，指导他们一二三具体该怎么来做。但这种方式很难培养出我们期待的那种自主自发做事的下属，教育孩子也是一个道理。

所以，这本书的核心是给大家讲辅导。所谓辅导就是在充分聆听的基础上，不分析，不建议，不评判，靠回应和提问启发对方，引导对方，让对方自己找到答案。想想看这么做，领导也好，家长也好，是不是很轻松省力，还能培养人？

而督导是更高阶的能力了，它是教导、指导、辅导三者的整合。辅导是基础，先把辅导的基础打牢，当我们不再对一个人一件事上来就定义和评判的时候，我们才能真正去聆听，了解对方在哪里，然后在对方需求点上做教导和指导，而不是一上来就兜里有什么直接给什么。

大家看到的这本书主要源自我的对话辅导课。对话是一个载体，体现了心教练对话练习辅导的能力。连接、聚焦、厘清、赋能是这个载体的四个支柱，在心教练的对话练习中，我们把这四个词称作“八字箴言”，我把它当作这本书的架构，我认为这四个基础能力，不单单是练习对话的需要，也不单单是作为一个领导的必修，更重要的，它是每个人生命的胜任力。不管你做不做专业的沟通教练，它都对你的人生发挥着至关重要的作用。

连接，你和人的关系如何？有没有连接？更重要的是你跟你自己有没有连接？你有没有一会儿否定自己，一会儿肯定自己？有没有遇到问题就逼问自己，把自己逼仄到墙角？练习对话，练的就是你对自己的觉察、了解。我自己有一个深切的体会，无论了解到什么，我发现我都会更爱自己。

聚焦，一个不善于聚焦话题的人，人生往往也不大会做聚焦的动作。而如果我们总在失焦，我们每天做的就是到处“打井”，然后放眼望去，人生到处是“坑”。

厘清，人生有那么多的困惑，选择，如果你不擅长做厘清，你很可能都不清楚是什么卡住了你，面对那么多的选择你到底要怎么选？

赋能，赋能≠赞美。一次，我和东方心教练同届的同学聊天，我跟他讲，我最近准备出书了，他说，恭喜啊，感觉你成长的速度真的像小猎豹一般，不像我……我能听到他赞许我的同时，内心会对自己有一点小小的失落。我对他说，咱们刚在一起学习的时候，你就有付费请一对一持续教练这样的意识了，而且这个费用不低啊，1500元/时，但你却没有犹豫，非常果断地就去做了，而我比你晚了半年才开始行动，这真的是我要向你学习的地方。你内在有需求，外在就有行动，这是多么一致啊，你一直都在做着满足自己需求的事情。

他听到我的这段话，回应我说，感觉到自己有着一股满满的感动和力量，他说："如果没有听到你这么讲，我自己都没有发现，是你的这个看到，才让我对自己的内外一致有了这样的看见和发现。"

真正的赋能从来都不是说点恭维对方的话，而是对一个生命产生深层的了解和看见，如果我们对人对己都有这样的懂得、看见和了解，那我们又何愁发展自己呢？

我从不觉得学点表达技巧就可以轻松地说话了，所有外在讲的这些话，其实都是我们内在的呈现，练习对话，就是要由外而内，再由内而外。

在我的对话课中，需要两位学员练习对话，每次25分钟，我在书中截取的是2至3分钟的一小部分对话。对应连接、聚焦、厘清、赋能，到底是哪里出了问题让对话出现卡涩，我会分析并做示范。

我的学员中既有企业家、高管、博士，也有普通的员工、家庭主妇，当大家以学员的身份参与对话时，是一种真正平等的关系。我们在工作生活中总会有一些角色，当我们只是盯着角色的时候，我们很容易关注事情，而忽略人。练习对话就是练习“人+角色”，开始以平等的心态去关注人，关注生命，理解生命，建立信任关系，高效的对话就是这样自然而然地发生的。

目录 CONTENTS

第一章　连　接

第二章 聚 焦

第三章 厘 清

第四章 赋 能

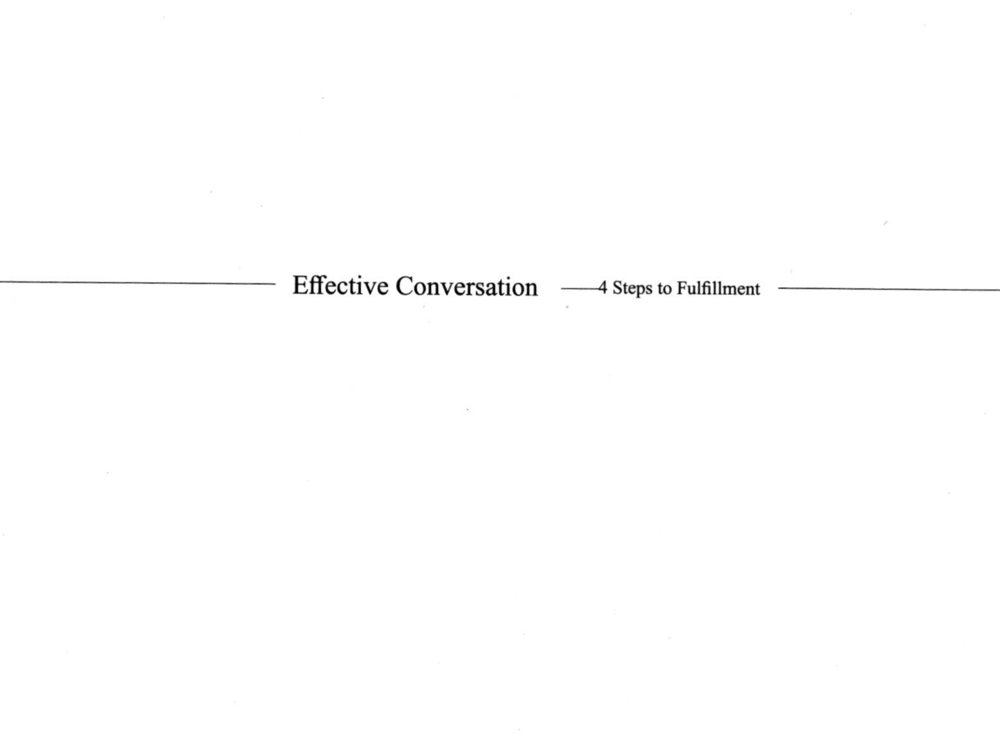

第一章

连　接

“我以为”会造成各种困扰，想要建立融洽和谐的关系，始于对“我以为”的觉察，觉察得越多，你对自己就越了解，也自然能推己及人，理解对方的感受、想法，进而与他们同理、同频。

处在当下是我们的对话能够达成目标、绩效的一个前提状态。所以，每当对话出现不愉快的时候，就停下来看看，这个不愉快是如何发生的，我们都在哪里，有没有处在当下?

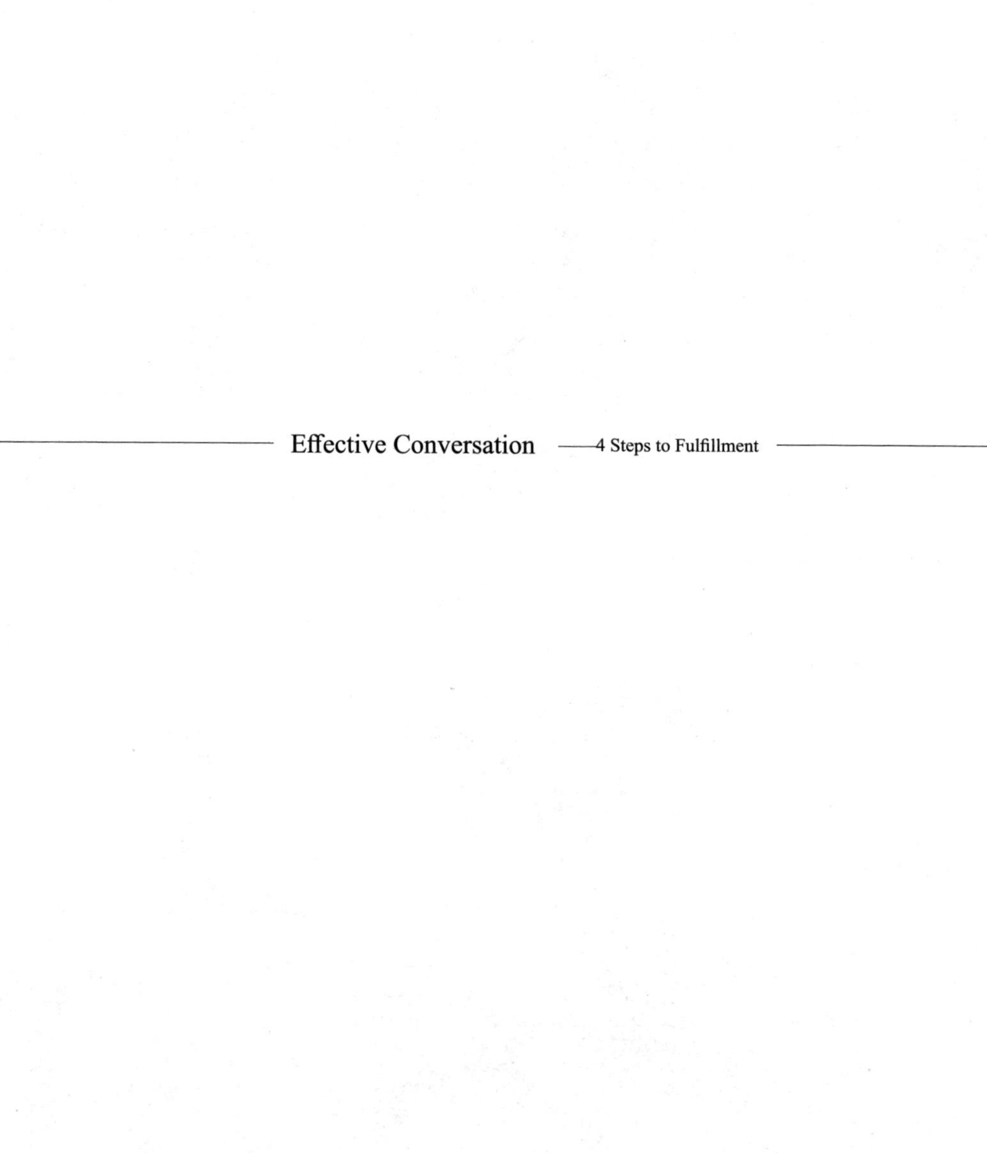

第一节　聆听心情，别人跟你讲事情时，你要懂得他的心情

对话是牵手同行，不是高处讲道理

尽管我们说了很多年的话，但我们未必懂得对话的本质是什么，甚至都不清楚我们的话是说给谁听的，对方有没有在听。我们更关心的是自己兜里有什么，然后着急地把它掏出来。

学员对话

小芳： 我儿子今年11岁，正在上五年级。他很善良，乐于参加班级活动。但从家长的角度来看，我也发现了他的很多缺点：第一，懒惰，自律性不强，要在家长的督促下才能完成作业。第二，他有点小自私，也有点小妒忌。第三，在生活中他有浪费水和电的行为，不懂节约。而且

我很困惑，孩子在这个年龄就有了逆反心理，他爸爸管他的时候，会产生冲突。

大君：我是一名早教工作者，正好可以分享一下这方面的经验。我可以提供一些有效的方法，如物质奖励、及时夸奖等。我的孩子也存在自律性差这方面的问题，我觉得我们应该去理解他，鼓励他去坚持。接下来，我就简单地举三个例子。

……

大君一口气分享了十分钟，一直都是他一个人在讲，和小芳之间没有对话。

“对话”结束后，我问了大君一个问题，“我们现在在练习对话，你是怎么理解对话的？”这个问题像闪电一样击中了大君，他突然反省道：“对不起，刚才我太沉溺于自己的表达了，跟小芳之间连个互动都没有，这不是对话，完全是我的个人分享。”

我接着问小芳：“听完大君的分享后，你的收获如何，困惑清晰了吗？”小芳说：“我的困惑还在，‘好孩子是夸出来的’，这句话我早就知道了。”

这段十分钟的“对话”，是很多人日常对话的一个缩影。

就对话而言，你的话是讲给对面的那个人听的。那么，你讲的内容对方有没有在听？听的状态如何？他有没有作出一些回应？如果我们抛开这些问题，只是一味地向对方传递一些自己的知识、体验，讲些人人都知道的大道理，那即使道理再有理，对于他当前的困惑，意义也不大。

只有当我们放下了自己的经验和经历，用心去聆听对方的时候，连接才能发生，你才能听到对方真正想要的。

教练示范

娜娜： 小芳，刚才我在听你讲的过程中，听到了很多你对孩子的期待，比如，你期望孩子勤劳、自律、心胸宽广、懂得节约，你对孩子的这些期待有跟孩子沟通过吗？

小芳： 我的孩子现在还处于未成年阶段，他对很多问题的看法和认知还有局限性。作为家长，我有这样的经验，也有这样的责任和义务，给他作一些规划并给他指明方向。从我们的出发点来说，我们当然都希望他越来越好，走在正确的道路上。

娜娜： 那你感觉什么样的道路是一条正确的道路呢？这条道路是家长想要的，还是孩子想要的呢？

小芳：我们还没有和孩子进行面对面的沟通交流，这是我和他爸爸的主观意愿。或许目前只能说是我的主观意愿。

娜娜：小芳，你可以感受一下，当你带着你的主观，你的意愿，你的责任，你的期待去和孩子相处，这些会给孩子带来什么？

小芳：站在孩子的角度，这是我们强加给他的，他没有参与感。我突然意识到，一直是我和他爸爸给他制定一些规划，从来都没有考虑过他的感受。以前我觉得家长是孩子的人生导师，我们给孩子做的规划都是对的。现在我才发现，其实我们自己在工作和生活中也不希望被安排，而是希望成为参与者，这是我今天最大的收获。

娜娜：小芳，你此刻有一个发现，没有人喜欢被安排，那这个发现会给你和孩子之间的沟通带来什么呢？

小芳：我觉得我要做他很好的朋友，家长的这个角色的内涵之一就要成为他的朋友。这样才会有更加融洽的关系，而不是以现在这样的方式，让孩子时时处在冲突中并逐渐走向叛逆，我觉得这会是一个很好的突破。

我和小芳的对话结束后，大君反馈了他的收获："当老师示范对话的时候，一下子就戳中了我的心窝，我开始意识到自己的问题，虽然看了很多书，学了很多知识，但其实真正理解的很少，真正能做到的更少，很多时候都是自以为是的'自嗨式'表达。对话是相互的，我今后要多听多问，而不是一味地自说自话。"

的确，对话是有来有往的，而不是个人独白。

当我们陷在了自我的世界中，"连珠炮"一样地表达时，我们往往会忽略对方的需求，也无暇观察对方到底有没有在聆听，这样讲得越多，就会和对方更加"失联"。

所以，开口之前真正需要做的不是着急讲事情、提建议，而是先和对方这个人建立连接。这里分享三个对话起步阶段与人连接的方法。

1.训练自己"目中有人"

我发现很多人在对话时，眼睛不是看天就是看地，就是不看对面的人。没有专注的目光接触，很难建立真诚、信任的关系。

那怎么才能专注地看着对方呢？答案就是要做"定视训练"。所谓"定视"即目不转睛地只盯住一个目标对象看。刚开始训练时，我们可以从专注地凝视自己开始。

我练习“定视”的时候，通常是在晚上，洗脸之前，直愣愣看着镜子里的自己。开始看的是一张脸，慢慢地缩小到眼睛的范围，然后由两只眼睛转到一只眼睛，最后转到瞳孔。这样范围由大到小，注意力聚焦到一个小点上。

刚开始练习的时候，很快就会感到眼睛疼痛、干涩，30秒左右就开始流泪，会情不自禁地眨眼睛，这都很正常。但是要尽量忍住，不要眨眼。

对镜练习是训练的第一阶段，把基础打好后，第二阶段可以找家人、朋友来练习对视；第三阶段可以尝试在开会发言时和领导、同事练习对视。

眼神训练的至高境界是“眼到之处，即是心到之处”。当你专注、自信地看着对方，对方会感觉受到重视和尊重，也会更愿意向你敞开心扉。

2. 起步环节用连接心情来破冰

连接人的目的是为了能打开心，心不设防才能更好地谈事、促成事。而心情是通往心的管道，因此在对话伊始，我们可以通过问心情来连接人、连接人心。尤其在进行线上对话时，隔着物理距离让我们看不到彼此，可以从先问心情开始，再转入正式的话题，对话会更自然也更顺滑。

这样做绝不会浪费时间，相反，单刀直入地谈事，才会欲速则不达。我去企业做高效会议培训时，观摩了很多企业开会的现况。主持人上来就说：“一季度我们的业绩出现了下滑，大家先检讨一下自己的不足，再讲讲接下来的工作规划。”

这句话一出口，现场气氛就直接降到冰点，没有人主动发言，主持人只好点名。被点到的人不讲自己的不足，都是在分析不利的外在环境。主持人稍微往“自己的不足”上一引导，各部门就开始相互推诿，现场氛围变得紧张焦灼，会议变成了“无效会”“耗能会”。

所以，一场高效的会议不是上来就检讨不足，而是在起步环节讲讲彼此的心情。这么讲是为了让大家先放松下来，在企业里提到开会，大家就会神经紧绷，人在紧张、紧绷的状态中，谈事、做事效率都高不了。因此要先放松再开会，先连接人再谈事。

3. 用有热度的词巧做连接

举个我与客户对话的例子：

“你好，Helen，最近有个词叫结界，小孩们特别喜欢讲，你有听过吗？”

“是的，我有听过。”（对方如果说没有听过就简单地解释一下。）

“那接下来我们就织一个结界，这就是我们对话的空间，我们一起体会在这个结界中对话时那种被守护的感觉，好吗？”

“好呀，非常期待。”

用这个方法需要我们在日常读新闻、追网剧的时候，留心积累。看到听到，就用手机便签或是一个小本子记录下来，方便唤醒记忆，看到用到做到。

以上三个方法都需要不停练习，在我们还没有掌握的时候，还需要这个“三不”原则来傍身。

- **带着情绪不讲话**
- **没连接上人不谈事**
- **不明确需求不给建议**

我把这个“三不”原则贴在了家里醒目的位置，用来时时提醒自己，避免一开口就陷入自我表达的本能里。

连接是对话的第一要务，每次对话开启的时候，先做连接；每次对话结束的时候，都反问自己“今天我跟对方连接上了吗？”

这样去练习、去反思，我们会更懂人、更能连接人，对话会更自然、更有绩效。

当对方有情绪时，可先讲情再说理

让人舒服的对话像河流一样，顺水推舟，水到渠成；让人抗拒的对话，是双方远远地站在两岸，没有了理解和感同身受。

学员对话

小菲：我从小就不喜欢我小舅舅，他总喜欢嘲讽我。今天我们一大家子人一起吃饭，我姐问我要不要让大志（小菲的外甥）再复读一年？我说千万别。这时，我小舅舅插话进来，“你从小就不喜欢学习”。为什么要这么说我呢？我现在多努力，多爱学习呀。我不介意他说什么，但我感觉自己瞬间都不能呼吸了。

大伟：你不介意他说什么，为什么瞬间都不能呼吸了？逻辑不通啊。

小菲：从小我的家庭教育是很强势的，大人说话，小孩不能插嘴。小舅舅只看结果，对或是错，没有中间地带，也没有含糊的态度。

大伟：你回忆下，当你不喜欢一个人，他为什么会那么重要，会影响你心情，既然你会生气，是不是他还是很重要？所以你才这么在意。

小菲：他不重要，一点都不重要。

……

对话结束后，我问小菲，大伟跟你连接的情况如何？小菲说感觉没什么连接。

当两个人展开对话时，连接是第一要务。如果没有连接，对话也很难聊出成果。

我们能感受到小菲讲述这些事情的时候，其实是带着一股情绪的。人在有情绪的时候，我们希望他能够冷静下来并保持理智，这其实是有些强人所难的。

就像大伟问小菲："你不介意他说什么，为什么瞬间都不能呼吸了？"大伟作为一个旁观者，他是冷静的，所以，他听到了这里不符合逻辑的地方。但是，当一个人有情绪的时候，往往是不理智的，这句话只是她情绪的一个表达，一个排遣。她需要通过这样的表达来让自己稍微平复一下。

此时不是与对方核对逻辑的时候，我们应该先感知情绪，同理情绪，回应情绪。

我对小菲讲："当小舅舅聊到学习的过往时，你很生气。你希望他能看到现在积极、上进的你，你现在那么努力，很渴望被看见、被懂得。"

小菲说："是的。"

当我们先能同频到对方讲话的心情时，再来谈事情，不但事半功倍，而且能深入且赋能。

我参加的心教练学习型组织，会定期搞一些线上活动和线下活动，还会组织参与的人一起复盘，大家一起复盘这次活动做得好的地方以及可以更好的地方。

在一次线上复盘会中，有一位叫小静的学员提了两件具体的事情。在这两件具体的事情中，小静和我的师姐有一段对话。了解了她俩的对话内容之后，我很佩服师姐可以听得如此精微。

教练示范

小静： 我想提以下两个建议：第一，咱们的活动频率现在是每周一次，是不是太多了，可以改成每月一次吗？第二，目前咱们的组织成员也不少，咱们可以考虑排班吗？

师姐：小静，看上去你是有两个建议，但在这两个建议的背后，你是观察到或感受到一些东西，对不对？

小静：对！第一，我发现在我们最近组织的一次活动中，来的人比之前少了很多。我有些担心，所以建议改为一个月一次。第二，我觉得组织里面成员也不少，但是每次活动，主要的组织者就只有两三个人，我担心其他成员的参与度会降低。

师姐：听上去这两件事其实也是一件事，你是不是更关注我们这个组织怎样才能够聚到一起？把这件事做得更好，至于频率、排班这些都是表面的问题，关键是大家在一起做事的状态和心态。

小静：是的！是的！这是我最关心的，听你这么讲，我感觉很被赋能！虽然我一会儿有一件事情要处理，现在需要下线，但我感觉此刻没有遗憾。

我佩服师姐的是，师姐没有跟小静就事论事，去讨论是不是要改成一个月一次，而是感受到她提出这两点建议时的心情。正因如此，师姐才能做到透过事情问心情。当我们能够同理对方的心情、感受，对方就会有被理解、被赋能的心满意足。

那天，在线上听了这段对话，我也有被赋能的感觉，我被赋能是因为感受到了全然聆听的力量。因为所有这些事情都和我们自己有关，很难抽离出来，很容易把自己搅进这些事情中。透过事情去关注人，关照人的心情感受，这是不容易的。

日剧《日日是好日》里面的女主角，她每日精进茶道，有一天终于能够听到热水和冷水倒出来的声音就是不一样，那一天听到了，从此就是听到了。

听事情，讲事情，是我们的惯有模式，从现在起，尝试去听一个人的心情、感受，同理他的心情、感受。别人跟你讲事情，你要懂得他的心情，这简直是人与人沟通对话的黄金法则。用起来，我们与人的关系会越走越近，沟通会越来越顺畅。

思考题

有一天，丈夫问妻子："你说家里要不要备一些速效救心丸？"

透过事情问心情，你会怎么问？怎么对话？

轻松三步，让朋友忍不住跟你交心长谈

有一次，我的一位学员小蓉在群里说，她去幼儿园接孩子，等孩子的时候，面对着一块有色玻璃做眼神训练，她说这么做的时候，感觉有些担心。

听到了她的心情后，我和她进行了一小段对话。

教练示范

娜娜：小蓉，你感觉到了担心，你担心的是什么？

小蓉：我担心的是，自己一个人就这样面对着玻璃站着，是不是有点傻，人家会不会觉得我有什么问题，会不会被人家看成异类？

娜娜：你面对着玻璃做练习时，担心的是别人怎么看你和怎么想你？

小蓉：是的，老师。

在这简短的对话中，我其实做了这么三步：

第一步，听到心情——担心。

第二步，问心情——担心的是什么？

第三步，回应心情——重复她担心的内容。

掌握好这三步，人与人之间就能很快达到同频、产生连接，而不是自说自话。

感受一下，当你听到这段内容的时候，是不是有人会这样说话？

嘲讽型：我看你是挺傻的，以为自己是美女啊，人家那么想盯着你看？

建议型：以后不要总是想太多了，别人不会花那个时间和精力盯着你看的。

分析型：你是不是有妄想症，总是想太多，有没有去看心理医生？

当你总是用嘲讽、评判的口吻跟人讲话的时候，不大可能跟人建立亲密的关系；总是喜欢给别人提建议，并不能真正地解决问题；当你去分析人家是不是得了妄想症时，你有没有发现你正在促发对方想太多？

我女儿上幼儿园的时候，特别喜欢跟我玩医生病人的游戏，她喜欢扮演医生，让我演病人，每次我去她那里“看病”，还没说自己的症状，她就会说：“来先打三针。”我会问，“医生”给我打的是什么针啊？她说，不用管，就是打三针。

想想看，我们的生活中是不是有太多这种不问西东，“上来先打三针”的情况。当你带着自己的分析、建议、评判说出来的话和“上来先打三针”并无异。

不分析、不建议、不评判，只是去了解，这句话说起来容易，真正做到却需要我们对自己进行时时的觉察。对话的进阶需要一个过程，大家可以先从这个容易上手的三步开始。了解对方的心情、感受，问问他的心情感受背后的原因、想法，回应给对方，看看这么做了，和你以往惯用的方式会产生什么不同的结果？

我有一个叫大鹏的学员。他之前是那种“钢铁直男”。他曾经在课上探讨过一个话题——为什么我的下属总是这么不给力，为什么总是要换下属？

在他和其他学员的对话练习中，我发现他特别喜欢问“and then（还有呢）”句式。

娜娜： 当你的下属没有达成工作目标，你在询问原因的时候，是不是很喜欢用“and then”？

大鹏： 是的，最多的一次连问了十个。

娜娜： 当你连问十个“and then”时，你有观察过下属当时的身体状态和情绪状态吗？

大鹏：（沉默了一会儿）我现在回想起来，当时我们面对面坐着，越问下属，下属的身体就越往后靠，情绪也越来越低落，感觉自己像老虎对待小白兔一样。

练习了一段时间的对话后，他说下属见到他时没有之前的那种闪躲了。当他给下属布置一项任务时会观察下属的情绪，观察他是否有为难的地方。如果他感觉到了，就会去了解下属所觉得的这项工作的卡点，然后让下属说说他的想法、计划，再有针对性地进行一些辅导、指导。这样下属就感受到了领导的支持，在工作中也更有信心了，工作开展得也会更加顺利。

大鹏说："工作中很多事情压下来的时候，很容易关注事，而忽略人。当带着着急的心态去做事时，带给下属的也是催促、逼迫、压力，大家都被这种情绪局促着，能力也受到了限制。当开始先关注人的情绪时，下属感受到了被关注、被关心，就会激发出更多的信心，有了这份心力，做事自然也会更有动力。"

练习 1

体验式游戏："盲人"过马路[1]

选择一个十字路口，找一个你很信任的人，让他帮你戴上眼罩，扶着你穿过斑马线。到达马路对面后，摘下眼罩给对方戴上，你再扶着他过一次马路。

补充一个重要信息：全程两人不许用语言交流。

当我们的视线被遮挡后，你会感觉其他五感一下子变得敏锐了起来，同时，你虽然信任你身边的人，但内心深处还会有恐惧。感受你的心情，感受对方在你蒙上双眼期间，做了什么是回应到你的心情以及你的需求的；交换角色后，当你有这份体验后，再去带领对方，你能与对方感同身受吗？

游戏结束后，两个人可以坐下来聊聊自己过马路时的心情，同时给对方一些反馈。这是一次连接你自己感知力的练习，同时也是对同理心的一次很好的体验。

① 本练习仅为了体验同理心，请在保证交通安全、人身安全的前提下进行。——编者按。

第二节　共情理解，调高关注人的比例，用心不用力

为什么我是好心，对方却不领情

在日常生活中，很多人在沟通时常常会有一个困惑：为什么我好心好意，对方却并不领情，甚至还有些不高兴？

学员对话

小玉：这件事已经过去了一个多月，但是现在想起来，心里还是有些不大痛快。有一天，我去大伯的蛋糕店里帮忙，大伯说想吃什么自己拿。当时我就说了一句：“我把最丑的蛋糕吃掉，剩下好看的才好卖。”大伯有些不高兴地说：“都一样，都好卖！”这件事情让我回去想了好久，我感觉自己太不会说话了，话说得太直白，太尴尬了。

大强：你觉得大伯不高兴的原因是什么？

小玉：大伯不高兴的原因可能是听到了“不好卖”这三个字。做生意的都希望自己生意兴隆嘛。

……

我们常常会有“为你好”的心理，就像小玉，她觉得把丑的蛋糕吃掉是在帮助大伯，对方就会开心。但问题就在于，“我为你好”，这里的“我”掺杂的都是自己的想法。对方不了解我们的这些想法，我们也不清楚对方需要的“好”是什么，于是就在“我以为”“我以为你以为”“我以为你以为我以为”等想法中，被迷雾遮住。最后还会像小玉这样，想了一个多月心里还是不痛快。

教练示范

娜娜：“最丑的蛋糕我来吃”，小玉可以跟我讲一讲，什么样的蛋糕在你的眼里是丑的？

小玉：因为这些蛋糕是手工做的，比如说在挤奶油的时候，有的花会挤得大一些，有的会小一些，很难做到标准化的，所以那些奶油挤得不是那么规整的，在我看来就是次品了。

娜娜：了解了，那你觉得大伯对蛋糕外观的判断跟你会是一个角度和标准吗？

小玉：那肯定不会，在他眼中，大一点的奶油裱花和小一点的奶油裱花拼在一起，那不都是一个圆嘛。

娜娜：当你看到了你的审美标准和大伯的审美标准并不一样的时候，此刻有什么发现吗？

小玉：哇，这个是我想了这么久也没有想到的。不好看是我的以为，但我却把我的以为当作事实了。而且我还在不好看的基础之上，做出了不好卖的判断，完全都是站在自己的角度上看问题、想问题。

娜娜：对于这件事情你自己已经想了好久了，那通过我们今天的对话，你又有了一些新的看见，这个看见给你今后与他人的沟通会带来什么呢？

小玉：以后讲话的时候不要太主观，要从别人的角度去考虑问题。不同的人看同样的一个事物，角度就会不一样，所以要多了解一下对方的想法。

我们想要的共情、理解，第一步就是从不主观开始的，“我是这么觉得的，那别人是否也是这样觉得呢？”当我们与人在沟通时发生一些不愉快的时候，就先回到这一步，问一下自己这个问题。不执着于“我的想法就是事实，我的想法就是对的”。

“我以为”会造成各种困扰，想要建立融洽和谐的关系，始于对“我以为”的觉察，觉察得越多，你对自己就越了解，也自然能推己及人，理解对方的感受、想法，进而与他们同理、同频。

最厉害的共情是让对方自己跟自己共情

大多数人带着心情讲事情时会很混乱，也会让听者不知所措。在这种情况下，如果我们依然跟对方讲事情，不但事情讲不清楚，心情也会依然烦乱。

学员对话

小婷：我去年盘了一间店，本来是想好好干一场的，但万万没有想到，突如其来的疫情让生意很冷清。虽然自己很努力，也不怕吃苦，但干啥啥不行，我都有些看不上这样的自己。现在的自己很迷茫，到底该怎么办？完全没有智慧去处理了。

大勇：那现在你的店客流量怎么样？

小婷：不怎么样，每天成本都收不回来。

大勇：那如果不开店的话，你现在准备做什么？

小婷：不清楚，现在还没有想好，可能会在家待一段时间吧。

孩子最近也让我挺不省心的，老师总是找我。

……

生活中很多人都是“一边加油、一边漏油”的状态。一边很努力、很辛苦地为生活奔波，另一边又不断抱怨自己。这时候我们需要做的是先让对方不漏油，不跟自己打架，能够同理共情自己，再来看事情，事情往往并不难作出选择和决定。

教练示范

娜娜：小婷，你说自己很努力，也不怕吃苦受累，相信你有过各种尝试和经历了，感受一下这个努力的自己，你的心情是怎样的？

小婷：我很心疼这样努力的自己。

娜娜：你这么心疼她，你想对她说些什么呢？

小婷：好想抱抱她，告诉她这些年你真的太累了。

娜娜：那此刻就和她抱一会儿，拍拍她的肩膀。你感觉你想跟她讲什么呢？

小婷：生活是美好的，一切都会过去的。你不需要证明给别人看，你本来就很优秀。你可以做令自己开心的事情，不必在意别人的眼光。

娜娜：“你本来就很优秀，你可以做令自己开心的事情，不必在意别人的眼光。”当你这么对自己讲的时候，你此刻的心情是怎样的？

小婷：我很感动，终于可以看到自己的闪光点了。

娜娜：一个能够欣赏自己、看到自己闪光点的小婷，会怎么处理现在所面对的事情呢？

小婷：我准备关掉这个店，及时止损。多关照自己的身体，想去办个健身卡，把瑜伽继续练起来，未来考个瑜伽师的证，这是我一直都想做的事。

在对话中理解、共情对方，会让谈话变得融洽，但当对方带着一些情绪的时候，比你理解对方更重要的是，你能带着对方自己理解自己，自己共情自己。这是真正让对方摆脱情绪且看清问题的关键。

每个人的内在都是清晰的。如果你能带对方来到这里，他会有被支持、理解、赋能的感觉。

太过于追求感同身受会让你和对方失联

我们常说："与他人进行沟通时要懂得换位思考，要共情理解对方。"这句话没有问题，但问题是，如果当我们把这句话作为自己的目标时，往往就会变得很用力，用力去理解对方讲的话，一用力动作往往就会变形，就会和对方失联。

学员对话

小凡： 我知道运动很重要，但过一天拖一天，就是没有做，我想知道这是为什么，以及怎么提高健身行动力？

大林： 你有没有体会过运动带给你惊喜的感受？

小凡： 我在刚开始跑步的时候有这种状态。超越自己的速度，超越自己的里程，这个进步的过程会让我感到愉悦。

大林： 那后来呢？

小凡： 后来我怀孕了，是二胎。

大林： 看来是宝宝阻碍了你继续运动的步伐。那你觉得在你的生活中，能不能挤出时间去跑步呢？

小凡：户外跑步，现在对我来说是有难度的，因为要照看宝宝。

大林：我能够理解你现在要操心的事情太多了，完全没有自己掌控的时间。

……

“看来是宝宝阻碍了你继续运动的步伐”“完全没有自己掌控的时间”，我问大林说这两句话时的状态是怎样的。

大林说，她太想去感同身受小凡了，所以就把自己的感受给放大了。对话结束后，她发现这样讲，离对方想去健身的目标越来越远了。

我们常说沟通的时候要有理解，要学会感同身受。这没有问题，问题出在了“太想”上，理解就理解吧，当我们“太想”理解的时候，就很难真正地连接对方，而是在自己的观点、想法里去创造了。“完全没有自己掌控的时间”，一个人怎么会没有自己掌控的时间呢？这绝对不是真相啊！当我们这么去引导对方看外因的时候，对方就很难产生积极的心态去向内看了。

对话是用心不用力的，如果我们在对话中感觉到累，那往往是在自己的脑海中，把对方的内容进行来料加工了，这么做就已经和对方失联了，自然也无法带对方达成他的目标。

教练示范

娜娜：小凡，你现在会偶尔做运动吗？运动时的心情如何？

小凡：有时会做一些运动，感觉很累。

娜娜：是什么让你觉得累？

小凡：你这么一问，我突然发现不是又带孩子又运动带来的累，而是运动的时候，自己的状态比以前差很多的感觉，让我感到了累。

娜娜：当你看到现在和曾经运动时的状态有不同，你会有一个比较。感觉一下这个比较会给你带来什么呢？

小凡：它会让我有挫败感，会降低我的行动力，一比较我就懒得动了。我发现我是拿好久没有运动的自己和之前运动状态最好的时候去比的，所以这种比较会让我越发想要逃避，不想面对现在的自己。

娜娜：是的，这是很重要的发现。那此刻你来感觉一下，你所处的当下，没有过去，也没有未来，这是你的真实。而你就处在这个当下，你正面对着现在的自己。感受一下自己处在当下的心境和状态。

小凡：处在当下感觉很稳定很安定。

娜娜：那在这个稳定安定中，你想要做些什么呢？

小凡：就可以全然地享受当下，就可以愉快地运动了。

第二天小凡在群里发了一段文字，她说："送完大宝回来开始运动，刚开始还是有一点小担心，怕那个累的感觉又出来，后面就是全身心地去运动，而且是抱着小宝，并没有想象中的那种特别的累，感觉精力非常充沛，舒展而放松。原来，那个累有时竟然是自己创造出来的！"

我们都希望跟别人的对话是有绩效的，希望对方说"你好理解我哟"，但我们不能把想要去理解，去感同身受作为自己的目标。这个感同身受是在放松中全然聆听，而后自然发生的，听到了，听懂了，就回应出来了，它不是刻意创造出来的。

想要做到与人的连接，先要感知一下和自己有没有连接。如果你感到自己的身体和大脑都很紧绷，很用力的时候，就要及时停一下，先跟自己连一连，看到自己的紧、用力。如果对自己失于觉察，那也很难真正地觉察、理解对方。

练习2

给不愉快的对话来点SPA

生活中聊得不愉快往往是人与人的观点、理念互不相容。这时，如果我们坚持我是对的，就容易发生争吵，大家带着情绪各讲各的理，分歧会越来越大，很难达成共识，谁也不想要这样的结果。

这时就需要SPA登场了，来安抚一下每个人绷紧的神经。

SPA是三个英文首字母的缩写。

S=Stop，停止争论

P=Point，站在对方的角度想想他的观点

A=Acceptance，理解且接受对方的观点

第一步很关键，当我们感觉情绪起来了，一些伤人的话要脱口而出了，不妨先按下暂停键。一开始按下暂停键确实有些难，你需要刻意，需要用力，在心里跟自己大声说，Stop，先让自己停下来，然后做深呼吸，逐渐恢复平静。

喊停，停下来，是让我们不在情绪中不知不觉地讲话，这是需要刻意练习的。你可以记录一下停下来需要的时间，一开始可能半个小时都不能完全停下来，你的大脑还在是非对错中突跳，但只要你有意识地练习，慢慢地就可以缩短到十分钟，两分钟……直到有一天，你可以从不知不觉来到当

知当觉，在事件发生的当下，你意识到情绪起来了，就可以很自然地不讲话，不在情绪中讲话会成为你的觉知之光。

当你平静下来的时候，换个立场，从对方的角度看问题，会发现也是说得通的，也是成立的，尤其当你去了解为什么对方会形成这样的观点，当你看到全图时，思维打开了，人也会变得更包容。

所以，我们除了面部、身体需要SPA，我们的大脑、心灵也都需要勤做SPA。

第三节　处在当下、全然聆听，关注眼前人、眼前事

处在当下，放下你的准备才能连接上对方

你知道吗？科学研究表明，大脑处理信息的能力大大地超过了说话速度，说话的速度大概是大脑思考速度的1/4。也就是说，当一个人听到一句话的时候，大脑其实可以想到四句话，所以大脑有足够的空闲在聆听的时候开个小差，想想其他事情。

根据人们听的状态，聆听可以分为五种境界，具体如下。

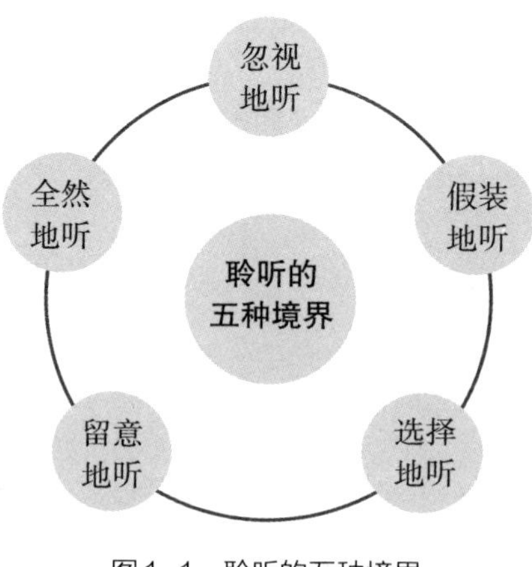

图1-1　聆听的五种境界

（1）忽视地听：就是你讲你的，但我不听，左耳进右耳出，根本都不往脑子里装。

（2）假装地听：看上去好像很认真地在听，眼睛也一直盯着对方，还会时不时地点头进行肯定，但实际上没听进去多少。

（3）选择地听：只听自己想听的东西，对于自己不感兴趣的一概拒绝。

（4）留意地听：这种听算是比较高级的一种，听者不光能听到讲话者所说的话，还能理解其话语背后的深意。

（5）全然地听：这是最高级的听，也是我们学习高效对话所提倡的聆听法则，是在一种无我的状态下，集中精神去聆听讲话者的话语内容，身临其境，双方一起体验和探索的过程。

绝大多数人的聆听现况都处于前三种，而一个人如果长期在对话中，对方在那里说，你却坐在对面大脑跑火车，那聆听的状态就会越来越弱，也很难达到沟通的效果。

学员对话

小溪：最近有一个词叫报复性旅游，这让我想到我有一个不好的习惯叫报复性地休息，或者是报复性地、放纵地休息。我常常会陷入这样一种状态，一放假就一整天一整天地看片子，看完以后又会觉得很没意义，又挺后悔的，总在这样的循环里，我想看看这背后有什么。

大明： 所以小溪很需要放松，那怎么让自己的这个放松更有意义，能让自己更安心，这是小溪很渴望的，是吗？

小溪： 是的。

大明： 你很渴望有一个清晰，怎么让自己更安心地放松，那我们来连接一下这个清晰，也许不一定就在如何去放松这个事情上，小溪一定有这种清晰的状态，如果连接到了自己那个清晰的状态的时候，可以给我一个回应。

小溪： 我不太明白这个清晰是指什么。

大明： 就是清楚怎么能够让自己比较放松。

小溪： 我还是比较想看一下，我的这个状态背后到底有什么样的心态。因为我一直陷于这种状态当中，身心处于一种很矛盾、自责、纠结的状态里。

……

对话结束后，小溪反馈说，她不清楚为什么大明会在对话里提到好几个“清晰”，这个词有些莫名其妙，她当时并没有提到这个词呀。

我问大明，当时是发生了什么，会几次提到“清晰”？

大明说，前一天看到今天要和小溪对话，就把一个月前课上的录音翻出来听了两遍。特意留意了那场对话中给小溪带来启发的几个问题，以及重点的关键词“清晰”，都记住并背了下来。在和小溪对话的过程中，就把这些都拿出来了，但是发现不但没有创造突破性的进展，反而还阻断了和小溪之间的连接。

当我们和一个人对话，对话是发生在当下，一来一回之间的，如果我们的大脑已经跳跃到一个月前了，想的都是那一场的好问题，而对方在当下说什么，就不能够全然地聆听了，那怎么能跟对方连接得上？

要想连接上对方，唯有处在当下，用心聆听。

教练示范

娜娜：小溪，我很好奇，休息就休息吧，是什么让你非要报复式地休息、放松？

小溪：对，有时候工作太累，过度透支身体，往那儿一坐十个小时，一动不动的，都没有去休息片刻，到了休息日，就有一种想要去补偿自己的冲动。

娜娜：一连工作十个小时不休息，这会让你感到很累，于是会有一种想要补偿的心理。这种补偿会带来什么？你真正需要的是什么？

小溪：对，我发现这种补偿带我走向了另一个极端，我真正需要的是，在工作中能关照到自己的身体，并不是工作起来连一点间隙都没有，还是会有一些碎片化的时间可以去活动一下身体。说到这儿，我发现自己有一个很深的模式，我必须要很用力地工作，我才能做得好，哇，这个限制好可怕啊。

小溪最后说终于看到了自己为什么总是原地画圈的原因，和这个背后的模式相遇了，因而很开心很满足。

金庸年轻时写小说，在序言里的第一句话就是："小说是写给人看的，小说的内容是人。"

对话也是如此，话是说给人听的，我们要关注的也是人。而生命在时间的河中总在不断地向前推进，即便是同一个人、同一个话题，我们上星期和他探讨过一次，今天再次和他探讨时，话题的内容也不可能和上一次一模一样，时间在前进、在发展，人在变化，我们又怎能在船上画一条线去刻舟求剑呢？

那天大明还提出了一个困惑，那我们还要不要去做准备，要不要去记那些好问题了？

我想分三点来回答这个问题。

1. 在复习中复盘好问题的语境。无论是课上的练习，还是生活中与人对话，我都建议大家有“倒带”的习惯，去回听录音或是把刚才的对话“反刍”一下。我们常说后知后觉，当我们处在当下的时候，有些问题看不明；事后复盘，我们是处在放松的状态下去聆听，就能听到很多对话时遗漏的要点，就会对示范的问题，为什么会这么问更加清晰明白。若是在工作生活中，我们身边有这样善听善问的人，也请留意这个人每次的讲话、提问。

2. 做准备是很必要的一件事。我们每次上场前为什么会紧张，有一个原因是感觉自己准备得不够充分，做一些准备会感觉更坦然、更淡定。但很重要的一点是，我们准备的目的是增加对这个人的了解，而不是记住所谓的好问题，然后把它变成对话的条框。

3. 上场时保持空杯心态，全然聆听在当下。每一次对话，当我们上场了，就是一次全新的开始，这时我们需要放下之前的准备，以空杯的心态来“盛水”，想想看如果我们的“杯子”装满了上次的内容，那我们哪里还有空间盛放对方当下讲的话？

处在当下，外在干扰竟变成对话的资源

我们在工作生活中会有自己的计划、安排，也希望能按照自己设计好的流程来实施，但就是会有一些不在计划之内的事突然发生。面对这种情况，你会把它当作干扰，还是可以处变不惊，因为这份心态，而把“干扰”变成你的资源？

学员对话

小兰： 从我小时候有记忆开始，我和我妈经常说不了两句话就会呛起来。我们的观点完全不同。我从小到大很少受到她的表扬，一直都没有什么自信。现在我成家了，我发现对我的先生、孩子我也不太会说那种表扬的话。我特别想改善一下和母亲的关系，但是不知道从哪里入手。

大志： 刚才听到你和你的母亲是这种情况，那你和家里亲密的人的沟通是一种什么样的状态？

小兰： 说实话，我跟我先生沟通的状态也不好，跟姐姐也很少

沟通。

大志：那你妈妈和小辈们的关系怎么样？

小兰：也没有什么太多的沟通。我看我妈妈和她老家的人沟通还是挺好的。比如说跟我二姨，每次一通电话她们就聊得很开心，这点让我很好奇。

大志：那我想了解下，你跟你二姨的关系怎么样？

小兰：我跟她离得很远的，我们都很多年没有见过面了。

……

大志对小兰的提问有点像解一道数学题，小兰和家里的这些人两两组合能有多少种关系，和每个人的关系怎么样？母亲和家里人两两组合的关系又如何？在各种关系当中尝试了一遍后，发现没能找到一个稳定的关系，以此作为一个突破口。好像哪里都滑溜溜的，没有抓手，谁和谁的关系好像都很难借鉴。对话不是解数学题，数学题需要你用特定的思路去分析、去解题，而对话更重要的是放下自己的特定思路，去同理对方，去理解对方当下的状态和需要。

在我准备跟小兰对话的时候，她那边传来了一些嘈杂声，她跟她老公在说话，还有关门的声音。她说孩子不肯找爸爸，又跑过来非要让她抱着。就在这样她抱着孩子的状态下，我跟她进行了一段对话。

教练示范

娜娜： 好，那我们就处在当下，你就安心地抱着孩子。此刻你可以感受一下你和女儿之间的这种连接，女儿依偎着你。她要找妈妈，因为她爱妈妈。感受你们之间这种身体的语言，你此刻可以感受到你和女儿之间这种爱的流淌吗？

小兰： 我可以感受到女儿对我的依赖，对我的爱。

娜娜： 那你对女儿的爱呢？

小兰： 我很爱她。

娜娜： 说到你很爱她，你是怎样去爱她的呢？

小兰： 全身心地陪伴吧，我愿意为了她放下手机，放下一切的娱乐活动。

娜娜： 是的，你对女儿有全身心的陪伴，全身心的爱。此刻我们就来感受这种爱。你可以感受到作为一个母亲的爱很强烈，也可以感受到女儿对你的爱很强烈。现在我也邀请你带着和女儿之间这种爱的连接，来感受一下和母亲之间的关系，当你带着母女间的爱的时候，你会怎么来看母亲？

小兰： 母亲那一代人有他们的表达方式，和我是不一样的，虽然不一样但是不能代表没有爱，我能感觉到那份爱是存在的，想到这里，我有些释然。

那天大志问我，“爱”的锚定点真好，你是怎么分析出“爱”这个突破口的？如果当时小兰没有抱着孩子，你会怎么去引导？

来到我和小兰对话的当下，大志和小兰对话完了，我是要进行一些辅导和示范的，在我开口之前，我当然是有我的辅导方向和准备的。但对话开始了，她那边却传来了嘈杂声，她在跟她老公讲话，孩子不肯跟爸爸，非要跟着妈妈。这些是当时发生的事实，我是在那个当下才了解到的。

那么，对我而言，事实就是如此，我是否接纳呢？如果我不接纳，内心就会有很多评判，不是说了要一个人找一个安静的环境吗？为什么没有做到？不过就是一个小时而已，这很难吗……

如果我内心有了这些声音的话，那我就会乱了，我就会让小兰先去处理这些状况。

而我当时面对这样的发生，我是全然接纳的，非常允许，所以，我才能够处在当下，尊重并顺应一切的发生。当有了接纳和顺遂，一个人的心态、状态就会非常的稳定、安静。心态放平，我就能放下之前的准备，跟当下这个发生融为一体，这个“干扰”就不会成为一个障碍，反而能够成为我借用的一个资源了。从和女儿的爱到和母亲的爱，才有了那份爱的流动和连接。

我们学习过很多沟通技巧，但比技巧更重要的，是一个人讲话的心态、状态。

心态>技巧！只有当你心态稳健，你的技巧和方法才能发挥出来，否则，一遇到突发的情况，你就适应不了，就容易慌乱，即便有再好的技巧，也发挥不出来。

而这个心态就是处在当下的修炼，对话能力不仅靠训练，更重要的是靠修炼。那来自一个人长期对自己的觉察、了解，因为有这份自觉，进而能做到推己及人，自觉觉他。

我会在这一小节的练习中，把这个自我觉察的方法教给大家。

处在当下，不同频道的我们就做到了同频

我们都希望和对方的谈话是同频的，因为同频可以带来共振，会让我们身心愉悦。而生活中很多对话都不同频，轻则“尬聊”，重则影响情绪、破坏关系。

学员对话

小林：昨晚我在家练古筝，邻居在我旁边听我练习，当时，我女儿也在场，不过我没有注意到她。练完后，邻居说：“我觉得你这么练下去会比你女儿弹得还好。”

我女儿学了八年的时间了，她听到后一下子就急了。对邻居说：“我都练了这么多年了，已经要考八级了，你能拿我妈跟我比吗？”她特别生气、激动。

我说：“对呀，但是，如果一个人比你付出更多努力的话，那你为什么觉得这是不能实现的？”

我女儿生气地说，就是不能！然后一天都处在这种不高兴的情绪里。

我困惑的是，在那个场景下怎么去跟女儿对话，才能平

复她的情绪。

大壮：听你讲完，我也不知道怎么回应了，你学古筝多久了？

小林：两周。

……

当天大壮把这个话题引导到小林“为什么学古筝以及怎么练习”上了。他俩对话结束之后，小林的困惑还在，“该怎么说，才能让女儿恢复平静呢？”

我对小林说：“如果你想看怎么说能让女儿没有情绪，那么我们要先看的是女儿的情绪在当时是怎么被激起的。”

“我都练了这么多年了。”我问小林，当女儿说这句话的时候，你知道她在意和关注的是什么吗？

小林说：“女儿关注的是她付出的时间。”我说，对，那些时间已经付出了，她说的是她的过去；当你说“如果一个人比你付出更多努力的话，那你为什么觉得这是不能实现的”，当你这么讲的时候，你知道自己关注的是什么吗？

小林说：“我关注的是自己的努力。”

一个人关注的是时间、过去；而另一个人关注的是努力、未来。不同频就是这样发生的。因为不同频所以没有同理、同在、连接，我们在生活中很多的误会、冲突都来源于此。

一个人想要在那个当下，能够有清晰的、化解情绪的表达，一个大前提就是知道双方在哪里。知道女儿关注的是什么，知道她在哪里；同时也知道自己关注的是什么，知道自己在哪里。只有你知道自己在哪里，同时也清晰要去哪里，你才能规划出你的路线。不然就只能继续强化自己的观点，离平复情绪的目标越来越远，“如果一个人比你付出更多努力的话，那你为什么觉得这是不能实现的？”大家有没有发现当小林继续强化她的观点时，女儿的情绪被激化到了顶点，一天都不高兴。

至于小林当时要怎么说？还是要从过去、未来的视角回到当下，处在当下，连接彼此的真实感受，如实如是地表达。当时女儿是生气的、激动的，小林是蒙的，不知该如何处理。那就把这一切真实地表达出来。想想看如果小林当时是这样表达的呢？

我看到你现在很生气，情绪很激动，我也不知道该说什么来平复你的情绪，你觉得我现在说点什么、做点什么会让你感觉好一些呢？

感受一下，这样和女儿对话，是不是女儿的情绪会平复很多。

处在当下是我们的对话能够达成目标、绩效的一个前提状态。所以，每当对话出现不愉快的时候，就停下来看看，这个不愉快是如何发生的，我们都在哪里，有没有处在当下？

练习3

画“正”字觉察法

对话不仅要连接对方，也要连接自己。在对话中对自己的念头、想法抱有觉察，而不是全无意识，在不知不觉中讲话。

大家可以用“正”字觉察练习法，即时发觉自己想法的涌现、突跳。当自己一个人的时候，去感受大脑是不是又在冒各种各样的想法了，每冒一个念头，就画出“正”字的一划，画完对大脑喊停，但念头没有那么容易就停下来。大脑会继续思绪纷飞，那就再画，再喊停，看看一个小时内念头会突跳多少次?

曾有一个学员跟我讲，他观察了半个小时，画了48个“正”字。经过一段时间的练习，我们可以来观察一下，在相同的时间里，我们的“正”字有没有变得越来越少呢?

第二章

聚　焦

在工作和生活中，善于聚焦的人，会有更好的目标感。反过来，当我们在对话中去感知和询问对方目标的时候，也更能体会到聚焦带来的清晰和高效。

深层回应源自深度聆听，那是对生命的了解和理解，把你看到的本质，你对他的懂，深层回应给他，他就能深受触动，满满感动。

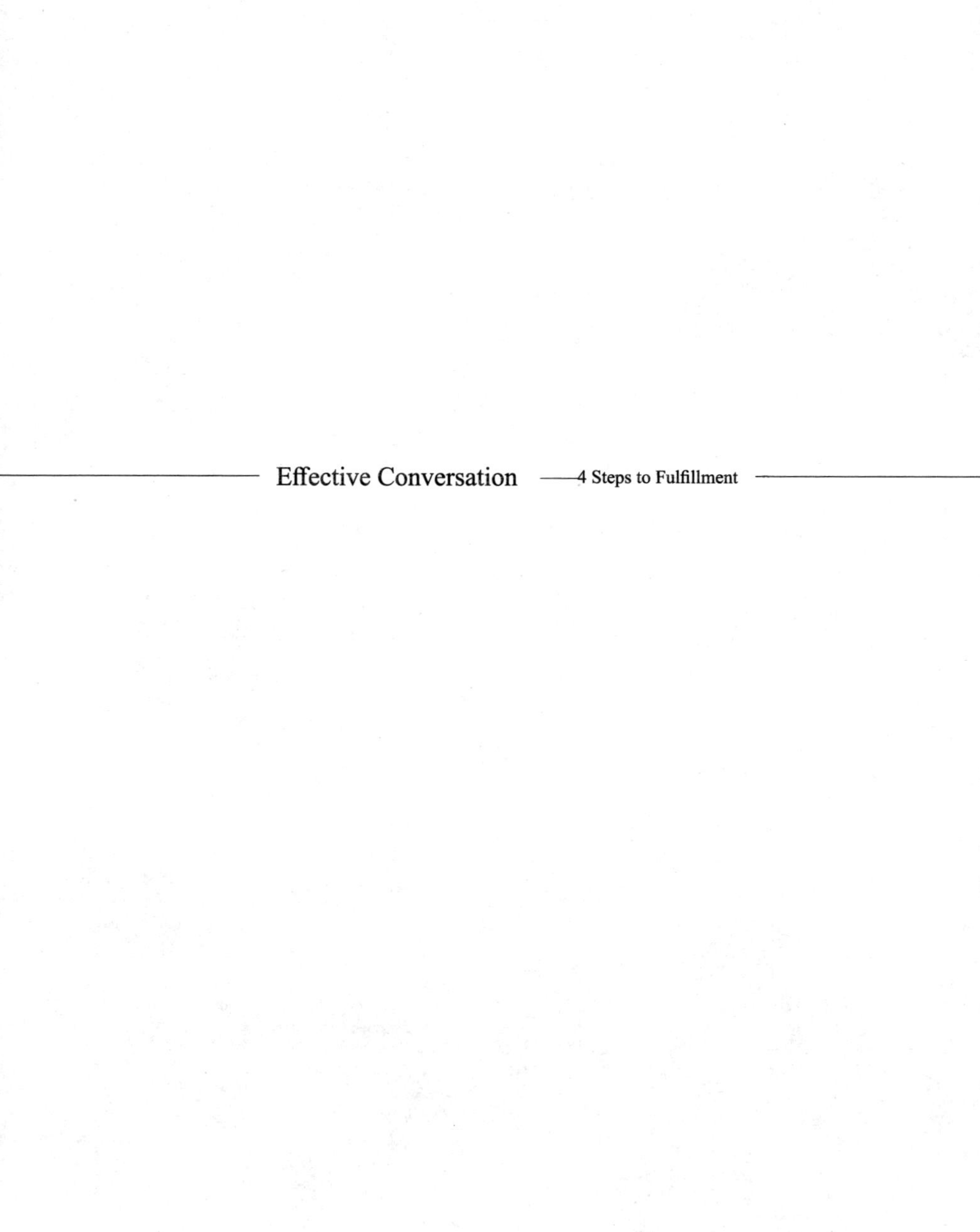

第一节　及时回应，让对方觉得你懂他

对方讲了一箩筐，怎么抓关键点

我们都希望每天面对的谈话对象讲话结构严谨、重点突出，表现得知书达理，善解人意。但这只能作为对于自己的要求，至于我们每天会遇到什么样的人，开展一番怎样的对话，并不在我们的计划之内。更不可避免的是那些说话没有重点、啰啰唆唆，还很容易带情绪的人，往往就是我们的领导、客户、亲人、朋友，逃都逃不掉。

我发现即使是自说自话，人们也不希望是绝对的自言自语，每个人都同样渴望坐在他对面的人，可以理解他、懂得他。

就像两个人打电话，一个人在一直讲，听的人要“嗯、嗯”地回应，虽然“嗯”很简短，但这个回应也至少说明我有在听，没有做别的事情。如果讲的人讲了一阵子没有听到“嗯”，他会问，刚才信号没有问题吧，有听到我讲话吗？他

会用提问的方法来询问对方听的状态。

可见，当我们在听一个人讲话时，给他一些及时的回应，是很有必要的，他会觉得我们有在用心聆听，跟他是有连接、同在的。

所谓及时回应，就是当对方讲了一大段后，我们能把他讲的重点、关键，用自己的语言总结提炼出来。

这需要做到这样三点：

1. 认真听、不打断。我们的大脑对于不感兴趣的内容会选择性地关上耳朵，或是选择性地听，甚至直接打断，这样和对方的互动就会中断，对话就很难进行下去了。

2. 回应重点而非事情。当对方讲很多事情时，不要陷入对事情的重复中，那样会引出枝枝丫丫，对话就被封印缠绕住了。

3. 体会对方此时的心情。同理他讲话的心情，就是在理解对方。

我的一位朋友有一天带着情绪跟我讲了家里的事。她是一位比较理性的人，但遇到有挑战的事情的时候，也会有一股强烈的情绪，推动她讲很多事，而且语速还非常急非常快。她跟我一口气就讲了十几分钟，有两三千字，这里我提炼了六百字，有时间、地点、人物，事情的起因、经过、结果，还有她的情绪、想法。

最近家里在装修，关于厨房墙是打通还是不打，家人有不同的意见。

周六的晚上老公姐姐一家人全来了，说要一起出去吃饭，去吃饭之前大家想去看一看装修的效果，然后就都去了。看到那面墙没有砸，我老公就说为什么没砸呢？

然后我跟婆婆异口同声地说，因为砸了不好看，就保持原样了。老公说不砸才难看，赶紧给我砸了，然后婆婆就说不砸。

两人因为这个吵了起来。老公就很大声地说，让装修师傅赶紧给砸了。因为他姐姐也在，他姐姐就说赶紧让他走，他就会嚷嚷。然后大伙都出来了，婆婆也跟着出来了。

老公就对我说了这样一句话："这就是你负责的装修？赶紧去让他们给我弄好，如果弄不好的话，我就全给砸了。"然后我就说那你砸就砸呗。然后他立刻就火了，说那我马上就去砸掉。

这时候有邻居出来了，我就没再说话，但是我很生气。在吃饭的时候我就没理他，弄得一家人都很不高兴。

这件事发生的第二天，我去看房子的时候，邻居家的一位大妈评论他，那个大妈好像听到他嚷嚷了，很气愤地说："我就看你天天在这儿忙，你老公也不管。以后你也别管了，就让他自己来管吧，省得他以后再来发脾气，我真看不惯啊，不就是装修嘛……”

其实当时我心里也很不舒服，回去之后，我就想跟老公讲，在外人面前我很想维护你的面子，大家都是邻居，你这样其实别人也会对你有所评判的，所以我就很想跟他表达一下我的这个想法。

他这个发脾气的毛病确实会反复。有的时候，他嚷嚷两声就没事了，他是没事了，别人却会很受伤害。我其实是很想就他的这个情况跟他做些沟通的。

好，故事讲完了，我们可以在这里暂停一下，合上书，感受下整个过程，自己先来做一些回应的尝试。

我是这样回应的——

家里装修你忙前跑后做了很多的事情，付出了很多。当老公和你意见不一致的时候，你会觉得委屈，很不舒服。听你最后讲到想跟老公做一次沟通，那现在准备好了吗？如果要做一次有效沟通的话，你准备怎样来沟通？

除了前面讲到的三个重点外，我还总结了一个公式，专门用来应对这种大段内容——

海量信息捞干货=事实总结+情绪感知+提问推动

【事实总结】“家里装修你忙前跑后做了很多的事情，付出了很多。”对方讲了这么多事情，我们有总结，说明我们在认真听。

【情绪感知】“当老公和你意见不一致的时候，你会觉得委屈，很不舒服。”准确地感知一个人的情绪，对方会觉得你懂他。

【提问推动】“听你最后讲到想跟老公做一次沟通，那现在准备好了吗？如果要做一次有效沟通的话，你准备怎样来沟通？”靠提问聚焦话题。

感觉一下，当我这样来做回应的时候，如麻线团般千头万绪的昏暗现况突然就有了光亮，对话也开始有聚焦的方向了，可以让对方沉静下来，平复情绪，着手推动事情和关系前进。

我们在与人对话时，最好能培养出这样一个习惯，不是上来就问，而是先给对方一些及时回应，这样对方会感到彼此连接感更强，在他感受到被同理后，再去提问，这样有了聚焦的点，才能让对方愿意跟随你的提问去解决问题。

透过及时回应，聚焦话题，我们就不会把对话变成在一堆的事情中东拉西扯，也不会在泛泛而谈中和对方成为泛泛之交。

回应清晰，答案自然浮现

有学员问我，怎么听出对方的“话里有话”“弦外之音”？那对方说的表面意思，你是不是能够理解、听懂呢？如果对方讲了一段话，赤裸裸地把他的心情都告诉了你，而你还听不明白，对方说担忧，你说他兴奋，你都不理解他表达出来的心情，又何谈去听对方的弦外之音呢？

学员对话

小志：前几天我们三个哥们聚会，想一起做点事情，按理说应该是很开心的，但是我有很多的疑虑和担忧，不知道为什么会有这么多的情绪。另外，三个人一起合作，我要怎么去判断这个计划可不可行？

大超：当时你们聚在一起，谈论这个令人心动的计划时，你心中有怎样的憧憬升腾起来？

小志：我并没有强烈的憧憬，这件事对我来说还挺矛盾的，一方面我不愿意错过这种赚钱的机会；另一方面对这个项目到底靠不靠谱，我内心会有很多的疑虑。而且我们三个全部是兼职来做这件事的，在我的意识中，兼职并不能把一件事情做得很好。我感觉做这个事儿就是冲着钱去的，冲着钱去，目标和计划不是特别清晰，内心会觉得不是很靠谱。

……

生活中，两个人面对面坐着看似是在对话，当我们不理解对方的时候，对方也不会跟随我们。就像这个案例中，小志表达了他的担忧，大超听到的却是，这个计划很让人心动、兴奋。

当大超没有听懂对方的时候，小志就开始了一个人的独白，他继续讲他的担忧。那这个时候我们需要做的就是把小志的这些零零碎碎的担忧，用及时回应的方式提炼总结出来。

教练示范

娜娜： 小志，我想了解一下，你们要合作的这个项目是你熟悉的行业或领域吗？

小志： 不是的，是其中的一个哥们比较熟悉的，听他说起来像是一个风口。

娜娜：了解了，听上去你的疑虑主要来自这么三个方面：

1. 这个项目是你不熟悉的，它是不是靠谱，你们能不能抓住，你很不确定。

2. 你们都是兼职来做，那主业和副业在时间和精力上如何平衡，你担心不是以完全投入进去的状态来做事，会做不好。

3. 你觉得冲着钱去做事，跟着风口、带着盲目，让你不够清晰，看不清楚。

当我把你的这些疑虑、担忧回放给你的时候，你有什么感觉吗？

小志：的确如此，你很好地总结了我的这些疑虑。当我能清晰地看到我们的这些担忧时，我决定还是往前走一步，但是不会对结果抱有什么预期。

娜娜：往前走一步，是你想要去参与、尝试这个项目，你会更看重这次合作带给你的经历，是这样吗？

小志：对。不管结果如何，参与的过程对我来说也是一次学习、成长的机会，我去尝试了，也就不后悔了。以我现在的能力一个人来做，很难，我也不太愿意。现在能有这样一种合作，我跟着别人往前走着，学习着，努力着，我会更踏实一些。

掌握了及时回应的技巧就是掌握了一种与人轻松对话的方式，你不需要刻意引导话题，你也不需要努力去找新的话题，你只需要把对方讲过的内容，用你的语言、你的理解讲一遍。他讲的是零散的，而你讲的是经过提炼整合的，这个动作本身就会带给对方很多清晰，让他自己看见自己，唤醒他心中的答案。

此外，及时回应对于消除误解还很有帮助。一次，课上两个同学发生了争执，我听出了两个人并没有理解对方讲的内容。我喊了停，让A先讲，讲完后让B把A讲的内容复述一遍，A反馈道，“B没有完全理解我的意思，只是说对了一半，我的意思是说……”

之后，再调换角色，B讲，A复述，B反馈。同样，A也没有完全理解B的表达。

透过这种方式，大家对于用心聆听有了更多体验，也感受到了及时回应的作用。

擅长及时回应，是你对话的底气

及时回应，就是在对话时，把对方讲的内容，用我们自己的语言把重点和关键提炼出来，讲给对方。定义很简单，但在学员应用的过程中，我发现还是会有一些状况，在这里特别提出这么三点，是我们在实践中要注意的。

1.及时回应，不是去分析、去讲大道理

志翔：我最近飞来飞去非常忙，也很焦虑。之前二十年一直专注于开酒店这件事上，复工复产后我开了新的板块，有互联网，也有直播打造IP，这些都是我不熟悉的领域，我在想我是不是做得太多了？

小倩：每个人的精力都是有限的，要把有限的精力放到重要的事情上去，对你来说什么是最重要的？

志翔：以前觉得信念使命责任重要，疫情后发现挣钱尤为重要。

……

志翔反馈说，感觉这场对话进行得很表面，不太喜欢小倩给他讲“要把有限的精力放到重要的事情上去”这样的大道理。

及时回应还是要以对方讲的内容为基准，而不是加入自己的主观臆断。那天，在志翔的飞机即将起飞的那个当下，我给他做了一段及时回应——

你专注在酒店事业上有20年了，疫情的突然出现会让你对自己的事业有一些新的考量，作为企业家要考虑宏观、微观等很多层面，而新加入的这些板块是你并不熟悉的，所以会有些焦虑感，你最近做的新的板块和原有的业务模块是一种什么关系？

志翔说，突然有一种被深深理解的感觉，这让他很感动。在一会儿飞机飞行的过程中他会认真思考我的问题，再私信回复我。

2. 及时回应，一定要做到及时

一次我的一位培训师朋友有机会见到一位CEO，在和他对话的过程中，她很想去推销自己的课程，不过最后没有成功。她回来和我一起做了复盘，回忆了那天这位CEO上来先讲了这样一段公司现状——

对于我们这样的科技公司来讲，人是最重要的。现在去市场招人成本很高，代价很大。由于国家对这个行业的重视，资本的涌入把整个行业的薪资水平都带上去了。我们现在即使是去招应届生，工资也已经高到离谱了，即便如此，也招不到人。而且应届生来了之后，还要再培养一两年，才能够接项目去做，这个风险还是蛮高的。

我们现在的团队属于二次创业。核心团队都已经共事将近十年了，已经磨合得差不多了，因此问题会小一些。但我们要出来做的话，也不只是做点东西赚点钱，还是有一些抱负，想要走资本市场的这条路。目前是想要扩大团队的规模的，不过从今年的形势上来看，并没有达到预期。就整个的发展来说还是会有一些压力的。和人力资源相关的事情也都是刚刚才启动，人也不是太多，核心的还是业务。明年才打算去建一些初步的框架，预期就是这样的。

这位CEO讲完了这两分钟的内容后，就进入了问答环节，询问我的朋友课程的形式是怎样的？效果是怎样的？目的是怎样的？为什么要设计这样的形式？通过这样的形式，我们能够了解什么呢……在回答这些问题的过程中，我的朋友发现自己处在很被动的位置，有些招架不住了。

在复盘中，我发现这里面有一个非常好的契机，就是在

CEO讲完那一大段后，在提问前，可以先做一些及时回应——

所以创业到现在，一开始的十几个人已经磨合得挺好的了，但是现在要有更多的新人进来，招人蛮难的，还要培养他们，而且新人还要跟上这个速度，实现共同的抱负。你期待大家能够齐心协力地拧成一股绳往这个道路上走，是不是这样啊？

做完及时回应后，先跟他做些核对，如果他说对的，这个就是他想要的，然后再去向他提问，做进一步的了解，在那个当下整合他的需求，提出解决方案，这也是课程设计的部分，与公司的现况相结合，那会是不一样的节奏，不一样的结果。

这些年我也接触了一些企业家，他们看似高高在上，实际上往往都是孤家寡人，身边连个能深入交谈的人都很少，他们也同样渴望被聆听、被理解，当我们可以这样回应对方时，他内心会是非常开心的。

我的朋友听后频频点头。

3.及时回应，是回应对方而不是谈你自己

"我弟今天搬走了，平时觉得有点麻烦，当他真的走了的时候，又有些冷清。"

“像我以前深夜去火车站送我妈回广州。”

“还不太一样，你妈是照顾你，我是照顾他。”

学员问我：“一些教沟通的书上，不是说了可以讲自己类似的经历，来和对方保持同理同频吗？为什么我这么做了，对方却说不一样？”

说自己类似的经历，难就难在类似上，什么叫类似？怎么把握类似？是你觉得类似还是对方觉得类似？

另外，人们都喜欢在对话中能够成为主导，不想因为“类似”而让关注点来到对方身上。所以，对话时聆听回应是一个人的底气，是对我们聆听功力的一次考验。

如果是我的话，我依然会给对方做一些及时回应——

是啊，亲情就是这样，在一起的时候觉得麻烦，一旦分开，剪不断的是血浓于水，是彼此的牵绊。

所以，对话时，把注意力放在对方身上，多给他一些及时回应，比把话题转移到自己身上，更能促进你们彼此关系的融洽。

练习4

养成工作时录音，回听复盘的习惯

在这一节中我们重点讲了及时回应，有学员在练习时反馈，及时回应的方法虽好，但当对方讲得又快、又长、又多时，我们要怎么去精准地把握他的重点和关键呢？

给大家分享我的练习方法，带着一支录音笔，开会的时候也好，和人对话的时候也好，去做录音，尤其当对话进行了半天，还是跟逛花园一样，话题并没有什么推动和进展的时候，你就可以回放重听。当对方讲完一段话，你就停下来，去总结提炼一下他的要点。直到把他所有话的要点都提炼出来，再去整体地把握他到底想要表达什么。

如果方便的话，你就去找对方核对一下。“上次，你说到……我回来又想了想，你是不是想要……”如果对方说是的，那就相当于对你的提炼进行了一个确认。如果对方说，不是，我是想……那你就对他又多了一份了解。

有多少人，事情过去后，还会“反刍”对方的话呢？不管你总结提炼的要点是否准确，你这个行为本身就已经让对方感受到了你的重视和关注，你们的关系也将得到推进。

第二节　有效提问，解决了问题的一半

对方讲话如散沙，怎么聚沙成塔

我们在对话时，如果彼此的思维都非常跳跃，从A蹦到XYZ……聊了半天，回过头来看的时候，会发现对话内容却如一盘散沙一样，毫无重点。

学员对话

木木： 我最近在减肥，减来减去也没有效果，但这个还不是我最担心的，我发现我把自己给吃坏了，总是暴饮暴食，甚至能把自己吃到吐。现在会做饭了，我会给老公做饭，做得特别开心，但是只剩我自己的时候，我就不喜欢做饭。以前谈恋爱的时候，还会注意形象，现在结婚了，也不会管那么多……

玲玲： 那你的困惑是什么？

木木：事后后悔，但感觉自己又挺变态的，好像不经历那个后悔就不完美……

玲玲：我现在看到你头像很美，是那种让人羡慕的美，那你有想过吗，怎么让自己保持这种状态？

木木：可以去换个显瘦的发型。

……

当天在一问一答中，木木谈到了穿衣服、剪头发、换头像、粉明星……聊来聊去，已经离木木一开始的困惑越来越远了。

木木讲这个话题时是带有困惑的，她在开始时一讲就是五分钟。而这时玲玲又问了一遍“你的困惑是什么”，这就又引导木木继续讲关于困惑的种种发生，越讲越陷入事情中。

这时需要提问确认的不是“你的困惑”而是“你的目标”，你想通过这么一段对话获得什么，清晰什么？聚焦到木木想要达成的期待中来。在对话中需要目标导向，以终为始。没有聚焦的聊天往往听起来很绕，有一直在逛花园的感觉，绕来绕去也绕不出去。那么，对于木木带来的这个话题要怎么去聚焦呢？

教练示范

娜娜： 木木，你希望通过咱俩今天的对话，清晰什么呢？

木木： 我想清晰的是怎么把这个毛病给戒掉。

娜娜： 戒掉什么毛病？

木木： 一有压力、感到心烦的时候就想去吃，想转移一下注意力，不吃感觉缺了点啥。

娜娜： 所以你每次感觉有压力的时候，吃东西是你排遣压力的一种方式，是吗？

木木： 对的。

娜娜： 没有压力的时候呢？你感觉自己吃饭的状态是怎样的？

木木： 老师，其实有的时候即使没有压力，菜做得好吃我也会吃很多，好像自己能占到便宜似的。

娜娜： 木木，我听到这里，关于你吃太多，其实是有两种情况，一种是你感觉有压力，作为一种解压的方式会吃太多；另一种是没有压力，但你感觉到菜好吃，也会忍不住吃很多，那你今天更想看哪一种情况呢？

木木：更想看有压力的情况。

娜娜：目前你感觉主要来自哪方面的压力，会让你想用吃东西的方式来排遣？

……

做完这段对话后，我让木木说说和我的这段对话与之前的对话有什么不同。她说，和我对话时，明显感觉思维不是跳跃式的，有一种层层递进、层层清晰、层层聚拢的感觉。

我们都希望在有限的时间内能够进行深入的对话，这个深入源于一开始能够锚定一个点，这个点就是对方的目标、期待、渴望，是他想要深入探索的入口。在一个点上深挖，层层递进，才能挖出水来，给人带来清晰通透。一定不要到处挖坑，天女散花式的谈话。那样的对话，聊完后会让人有一种被憋住、卡住，不透亮的感觉。

我很喜欢一句话“人在花丛过，片叶不沾身”，当对方讲很多很乱的时候，而我们依然保持镇定清晰，这束光就是目标，这就是聚焦。

在对话中，有时对方上来就能清晰地讲出自己的“目标”，而更多时候，当对方处在情绪、困惑中，往往会很混乱，只能讲出他的困惑，这时一次聚焦往往不够，我们需要通过提问，去逐层递进，一点点地聚焦到对方真正的目标上来。

总之，在工作和生活中，善于聚焦的人会有更好的目标感。反过来，当我们在对话中去感知和询问对方目标的时候，也更能体会到聚焦带来的清晰和高效。

抛开细枝末节，提问直击核心

我们的对话是靠提问来推动的，那么怎么在对方的讲述中抓住那个最本质的核心来提问，而不是陷入细枝末节中呢？

学员对话

小珊： 我婆婆每次到我家，一看到衣柜里和床下放着大包小包的衣服就很生气，她认为一季有三套衣服来换洗就够了，买多了都是浪费。我当然不这么想了，我是要搭配来穿的。但又没法和我婆婆沟通，一沟通她就说我浪费。每次她一提起浪费我就心扎一下，但又不可能冒犯她。

大成： 你说自己买了很多衣服，是因为想要尝试搭配，那这个动力来自哪里？

小珊： 我喜欢看一些直播，看人家怎么搭配衣服，原来一条丝巾都有那么多的系法，还有颜色搭配，都很有讲究的，我就对自己以前的穿衣风格很不满意，于是开始重新学习穿衣搭配。但我婆婆她不理解啊，比如说小丝巾，我婆婆就觉得你买一两条不行呀，为什么要买二三十条？

大成：你买丝巾的时候是怎么考虑的？一条丝巾准备戴多久？

小珊：没有考虑呀，看着好看就买下来，储备着，搭配衣服的时候再选着用。

……

婆媳关系相信也是很多家庭的一本难念的经。当小珊把这个困扰当作一个话题讲出来的时候，我想让大家感受一下，小珊期望的到底是什么？

如果不清晰的话，那提问也是想到哪儿问哪儿，穿衣搭配的动力来自哪里、一条丝巾准备戴多久……问这些问题，就相当于被树叶挡住了双眼，看不到光在哪里了。

教练示范

娜娜：小珊，你和婆婆的想法不一样，想法和想法就是会有不同，这是因为你们出生在不同的时代，成长于不同的原生家庭，有过不同的教育背景，而现在你们生活在一个屋檐下，那在这些不同里，你们之间的一致目的是什么呢？

小珊： 这是一个好问题，我们都想好好过日子，都希望家庭生活是和谐融洽的。

娜娜： 对啊，虽然你们看似有很多不同，但最重要的一点，你们有共同的期待和渴望，都希望家庭生活和谐融洽，那你觉得达成这个一致目的的关键是什么？

小珊： 要有更多的理解和包容。我从小家庭生活也不富裕，那时妈妈做什么吃什么，从不挑拣，妈妈也是一个很节俭的人，要用有限的工资精打细算地过日子。想到了妈妈，我也能更多地理解现在的婆婆。

在美国家庭治疗专家萨提亚心理学的冰山模型中（参见图2–1），一个人的行为是浮在冰山上的，是我们都能看得到、听得到的。比如小珊买的衣服把衣柜和床下都放满了，婆婆看了会说她，两个人沟通不畅，这些都是行为层。

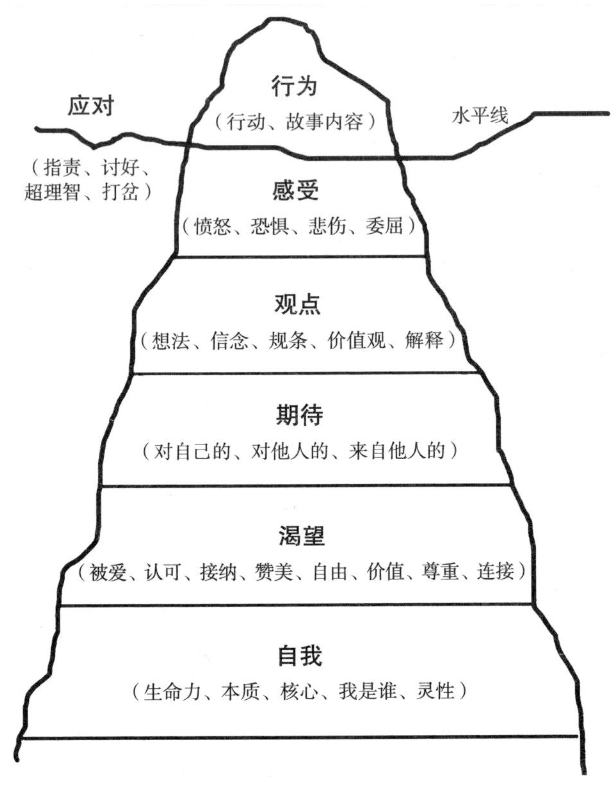

图2-1　萨提亚心理学的冰山模型

来到冰山下的感受层，不难发现无论是婆婆还是小珊都很生气。而情绪背后，她们有着各自的观点。小珊认为多买衣服可以帮助她穿衣搭配，让自己变美、变得更有格调。婆婆认为一季有三套衣服就够了，买多了放着都是浪费。

两个人各持不同观点，有所谓的对与错吗？如果抱持谁对谁错的态度，那日子就得过成辩论赛，各执一词，把家庭生活变成《奇葩说》“开杠现场”，想想都很吓人。

在观点层，就会看到不同人的不同观点，这源于我们经历了不同的时代背景、教育环境、原生家庭……这么多的不同，怎么才能让它不对立、不冲突呢？

那就要穿越观点层，来到期待层、渴望层，虽然有这么多的不同，但大家有大家共同的期待和渴望，小家有小家共同的期待和渴望。

国与国之间的对话，涉及不同的文化、种族背景，有着太多太多的不同，但“One World One Dream”，我们都希望世界和平，我们都关注环境保护；婆媳虽然来自不同的家庭，但生活在了同一个屋檐下，我们也都希望过和谐融洽的生活。

因为有共同的期待和渴望，因为有“和”，虽然会有种种的不同，那我们也能在包容理解中做到“和而不同”。

这也是我们的对话要引导的方向，看到这个本质，就不会在细枝末节中、在迷雾中徘徊无措。而是会穿越冰山，直击底层那个稳定的核心，在那里清晰地发问。

团队气氛沉闷，来点“活跃因子”

一次，我在一个线上学习小组中做对话辅导，这个小组有A、B、C三位学员，当天A、B进行对话，C负责计时提醒时间。

学员对话

A：别人找我帮忙我就会嫌麻烦，条件反射般的就回绝了，事后静下心来想想，我稍微努力一下是可以帮到他的，不过在那个当下，我就是没有这样的觉察。这样的行为会让我跟别人一直有距离感。我想看为什么我会怕麻烦？未来我怎么能做得更好？

B：对怕麻烦你怎么看？

A：会牵扯我的时间和精力，当我去帮他们的时候，他们就会离我越来越近，而离我近的话，我就会有排斥感。

B：为什么会又想拉近距离，又有排斥感？

A：当我看到其他人三三两两走得很亲近的时候，我的内心也会有羡慕和渴望。但是当别人靠近我的时候，我就想把他支走。我希望从这样的状态中走出来。每次别人找我帮忙却被我拒绝，事后我会对此有觉察，不过在那个当下发生的瞬间，我是没有觉察的。

……

在A和B的对话进行到28分钟的时候，计时员C突然打开麦克风，说，不好意思，刚才太困，我睡着了，已经超时3分钟了。

我们虽然是在线上做练习，但大家的状态依然会相互影响，这一点不分线上还是线下。如果我们在公司开会，有人在发言时，有的人在听，有的人没有听，那种状态是涣散的，作为领导者，我们在上场的时候，就要扫一扫大家的困意了，具体的做法就是靠有效提问。

教练示范

娜娜：我们在一起每天练习对话，大家都知道对话的方向很关键，那怎么来确定对话的方向呢？

B：对话方向要看对方的需求。

C：看对方的需求和他的渴望。

娜娜：好，那接下来B、C，请你俩每人用一句话，来说一说A今天的需求到底是什么？

B：一开始我感觉好像是自信的问题，现在感觉又好像不是。我没有搞清楚他的需求究竟是什么。

C：我会让他来做选择，是要看状态还是走出这种状态？

娜娜：我今天听到A同学的话，觉得他的需求是非常具体的，不用做选择的，他很渴望能够在那个当下就对自己有快速的觉察。

A：是的，对，就是这个。

娜娜：刚才和A核对他需求的时候，我还没有讲完，他就很直接快速地说：是的，就是这个。大家听到这里有什么收获呢？

B：哇，这真是一个急转弯，太棒了，这会是截然不同的方向，而且就是A真正的需要。对方虽然说了，但却跟游丝一样就飘过了，我没有听到，接下来还是要好好练习。

C：当我被问到这个问题的时候，一下子就清醒了。尤其是娜娜老师说出了对方的需求时，我被惊艳到了，脑子里“叮”

的一声。

请大家来感受一下，我上场前和上场后，学员的变化。上场前，一个人睡着了，计时提醒也出现了延迟，大家在线上虽然见不到彼此，但是这样的状态也会对全场带来影响，影响到整个集体的氛围。

经由我的提问，大家进入了学习的状态，每个人的精气神都发生了很大的变化。这就是有效提问给场域带来的团队动能。

在团队出现沉闷、不清晰的时候，一个对全场的有效提问，就可以解决团队的士气状态问题。不过，关于提问本身，还需要注意以下三点：

1.提出的问题要关乎现场所有人

我的提问是："请你俩每人用一句话，来说一说A今天的需求到底是什么？"这个问题对于B、C来讲，是他俩关心的，因为对话方向是对话的核心，对话练习练的就是清晰对话的方向，不泛泛而谈。同时，这个问题提出来，也是回应A的需要，每个人都希望被看见、被了解，别人谈到他的需要，他会格外留意倾听。

2.我们设计的问题自己要有把握

当我提出这个问题的时候，B不知道A的需求，C说得又很笼统。这时，他俩就会对我接下来讲的内容抱有一份期待，他们的注意力已经被吸引过来了。这时如果我讲出的答案没有令他俩一惊，A也说不是这个，那被聚焦的注意力就会重新涣散。所以，设计的提问全场的问题，我们自己一定要有把握，自己要能接得住，这样才能起到吸引注意力+团队共同学习的目的。

3.现场检验提问效果

当我问到大家有什么收获的时候，B、C在现场都有一定的收获和学习。这是一种很理想的情况，大家有收获、有体悟，还表达了自己的心情，氛围一下子就变得活跃且流动了。还有一种可能是大家听完我的回答仍有困惑，这时可以针对他的困惑做出解答，这个困惑就是学员当下的需求，我们已经把对方的注意力唤醒了，探索这个问题的时候，又将是一次团队学习。

提问全场→全场回答→我的答案→检验效果，就是凝聚团队动能的有效四步。我们可以先有向全场提问的动作，再不断熟练这个动作，直到把它培养成我们自己自然顺手的习惯。而在这个过程中，我们对话的能力，又将得到质的飞跃。

练习5

对方回答不出你的提问，需要对提问自检

一次对话是否深入是靠问题来推动的，好的问题一定是量身定制的。当我们在对话过程中提出的问题，明显感觉把对方给问蒙了，对方反馈说不知道怎么回答，我们就需要反观一下我们的提问了，主要原因为以下四点：

（1）提出的问题太大，对方不知道该如何回答。

（2）问题对对方来说太难，他回答不了。

（3）问题的措辞让对方感到不舒服，他不愿意回答。

（4）问题的表达不通俗，对方听不懂，无法回答。

在下面这两个人的对话中，A提出的问题，B说回答不了，属于以上说的哪种原因？如果是你来提问的话，你会问一个什么样的问题？

A：我们最近在搬家，我和老公的步骤不一样，当他建议我怎样怎样的时候，我就会不高兴，我想要按我的节奏走。后来想想老公的建议其实是对的，但我那时就是不太想按他的建议去做，就只想按自己的节奏。

B：会按照自己的来，那在采纳别人给的建议和坚持自己内心之间做决择，这两者之间可以融合吗？还

是说它是对立的。

A：可以融合吗？嗯，要看情况。这个问题我好像不知道怎么回答。

（参考答案见书后）

第三节　深层回应，说出埋在对方心里的话

用深层回应深得人心

我们都不喜欢“尬聊”、对牛弹琴，都渴望有人能跟我们深入地对话，渴望被懂得。这需要有深度聆听，深层回应的能力。所谓深层回应，就是能讲出埋在对方心里，他自己都讲不出来的内容。当我们讲出来的那一刹那，对方能够心头一颤——“是的，就是这样，被懂的感觉真好！”

我为大家展示的这段对话，是师姐和我的对话。她是我付费请的一对一辅导教练，这次对话是我们建立了合约关系之后的第一次对话，我把开头的部分呈现给大家，这次对话我很满意，她对我的每一次回应都是深层回应，简洁、精准，熨帖我心。

教练示范

师姐：长期教练关系是一份长期的承诺，不是一次练习。我们这段教练关系中，你对自己成长的期待是什么？

娜娜：我一直都希望自己可以成为一个真正的清晰者。目前，大多数的客户对我挺满意的。但是，当有的客户讲得“乱花渐欲迷人眼”的时候，我的思路会稍微不清晰。我渴望自己在这个时候依然是一个清晰者，无论是整体还是细节，我都能厘得清。

师姐：你想要透过表面看到本质，而且可以清楚背后本质蕴藏的原因。在与客户对话的时候能够真正做到连接，这也是你每天努力的方向。

娜娜：对，就是想透过表面看到背后的本质。

师姐：太好了！听上去，这不但是你的需求，更是你内心深处渴望的。那么，在这里我们可以追根究底，思考一个问题：它对于你的生命而言，意义是什么？

娜娜：我记得在心教练学习了半年的时候，我有幸观摩了EVA老师如何处理团队事件。那个团队小组的关系是比较复杂的。老师上来先了解小组每一个人的需求，在最后总结的时候不但回应了每个人的需求，就连他们之前定的学习目标都一一回应了。那一刻，我被震撼到了。这么棘手的事件，居然如此春风化雨般地解决了，还让每个人都有所收获。那一刻我就在心里想，我一定要成为一个“清晰者”。一旦看到老师的生命状态，老师的做到，我就无法再回到从前的状态——只见树木不见森林。

师姐：学习本身就是一种极大的乐趣，它是很深的生命动力。在我听你讲的这些内容中，我能感受到，在学习中我们就在成为自己。当我们追求不含糊，追求精深，当我们看到有人做到，有了榜样，不由自主地也把自己投入到学习中来，这本身就是更靠近“我是谁”这个问题的答案。

娜娜：是的，成为自己是很有力量的。即便现在所处的现况并没有给我带来什么，但这份力量会让我战胜很多的胆怯和恐惧。

师姐：是的，那作为你的教练，我会让你走向你的理想及你所渴望的。

师姐讲的每一个字都深深地回应到了我的内心、我的初心。每次遇到挑战的时候，我都会回到这段对话中，它让我的信念再一次地被深种，它也让我再一次地被赋能。她让我相信，我就是要找这样的好教练，我终有一天也将成为这样的好教练。我的内心充满了感动和力量。教练这个职业有巨大的价值：能够让人做到清晰通透，活得明白。这是一种自在的生命状态。

我的内在能够产生这样的信心，是因为她对我的每一次深层回应，都同频到了我的内心，像撞钟一样共振回响。

深层回应需要有深度聆听的功力，需要有生命的高度和厚度。深层回应不是外在技巧，而是内在技巧（inner skill）。当我们对生命还没有那么了解的时候，很容易拔高对方讲的话，加入自己的解读。它不是一上来就能从此岸到彼岸的，要一程一程地接近那里。我总结了三个要点，它们就像是渡船一样，可以引领我们走向心中的那个美好的彼岸。在那里我们会领略到，原来人与人之间、生命与生命之间，还可以这样交流，每一句话都如饮甘露一般，清澈甘甜。

1. 和自己保持连接

对话时，我们要和对方保持连接，但并不是说和他人对话就会失去自己。要和自己的身体、感受、想法保持相连，同时关照对方的身体、感受、想法。这样对话时，我们不会和他人失联，也不会和自己失联。

2.关注对方的需求

在与他人进行对话时，把关注对方的需求培养成自己的习惯。这个习惯会让我们始终都是和对方相连的，先保持这种连接的不中断，再慢慢走向连得更深、更紧密。

3.把及时回应做扎实

想要有一天做到深层回应，先把及时回应做扎实。对方讲了一番话，我们如果可以把他的原话进行提炼并总结回应给他，那么终有一天会水滴石穿，听到了就是听到了，很自然地就可以做到深层回应。

通过深层回应让对话更有深度

同样的一个话题，不同的人会引导出不同的方向，走向不同的深度。这一切都取决于我们聆听的深度。只有做到深度聆听，才会有深层回应，才会带领对方走向通透且开阔的地带。

学员对话

小华： 我在网上给我妈买了一个名牌背包，并想邮过去给她一个惊喜，但是她收到后非得让我退回去，甚至还讲出这样的话：如果不退，就和我断绝关系。对于这种情况，我非常生气。

大兆： 你妈妈不想要，你非要给她买，你对此有什么发现吗？

小华： 我发现当时我会有一种很强的控制欲，我是对的，就想往前推进一下。

大兆： 当看到了自己的控制欲，想要去向前推进一步，那控制对你来说意味着什么？

小华：看到平时想要去控制的模式还是很多的，对老公、孩子都有。

……

那天小华和大兆的对话围绕在“控制”上，小华一直在努力论证“我是对的”。当我们执着于自己的想法时，人与人之间是没有同理心的，看似聊了半天，但那并不是真正的沟通，甚至让小华的情绪有些低落。我感受到了小华当时的情绪状态，在和小华对话的时候，我给她做了很多深层的回应。

教练示范

娜娜：小华，我想了解下你妈妈平时的消费习惯是怎样的？

小华：她是一个特别节俭，甚至有些抠门的人。小时候我家的床单，总是补丁摞补丁。我参加工作后领到第一个月的工资，做的第一件事就是给家里买了一条质量不错的新床单，不过总不见母亲铺，后来实在忍不住就问她为什么没有铺，她说铺了，把旧床单掀起来一看，她给铺到旧床单下面了。这些年我一直想改变母亲的消费观念，就像这次母亲节，我在英国，不在她身边，想给她个惊喜，谁知道会这样。

娜娜：小华，你远在英国，平时不能陪伴在母亲身边，很想借着这次母亲节为母亲做点什么，就像你说的，想要为她送去一份惊喜，这份渴望还满强烈的，那你来感受一下你的这份心情和渴望是你讲的控制吗？

小华：我的这份心情和渴望非常强烈，很想为母亲做点什么，并不是控制。现在我的日子过好了，很想让母亲也过得好。我非常心疼她，我们以前的日子过得那么清苦。我们从苦日子走过来，我一直努力让我们过得更好，尤其是思想方面，但我妈仿佛一直活在30年前，我也不是特别理解她。

娜娜：之所以要跟你核对一下，是因为我今天听下来那个关键点并不在于控制。我非常清晰地感受到了你的心情，无论是生气也好还是委屈无力也罢，这些情绪的背后是，你很想要为母亲做点儿什么的意愿和想法，并且这种意愿和想法非常的强烈。你希望母亲和你一样能够享受生活，你很想为母亲的晚年尽一份力，尽一份孝。这件事也是你们母女彼此了解的一次机会。在这件事发生之后，你有没有去了解一下母亲的想法和感受？

小华：听你讲了这么一段话，我有一种被深层次理解的感觉。同时，我还有一个发现，我和母亲之间这些年居然并没有进行过深度的沟通对话，一直都是就事论事，我说她抠门，也是我对她下的定义，我并不是很理解她。

娜娜： 理解源自了解。你可以心平气和地询问母亲反对背后的想法。无论你了解到什么，你都可以借着这个机会和母亲做一次有深度的对话，更进一步地了解、理解母亲。这比你送她什么礼物都重要。更珍贵的是，你能有这份对她的了解、理解，同理同在，那即便远在万里不做什么，不买什么，她感应到你的这份心意，体会到你对她的理解，也一定会有满满的感动。

小华： 我此刻没法说话了，眼泪鼻涕已经一起下来了，内心满满的感动，我知道一会儿要去做什么了，非常感谢你。

我们在生活中很需要这样的聆听、这样的对话，它不是浮在表面的寒暄，也不是就事论事，更不是带着我们预设“论证”我们心中早已有的答案。它是有深度的，这份深度来自深度的聆听，它就是可以拨开层层迷雾，在对方真正的内心上回应出他的感受、想法、期待渴望，当你做到这样的时候，对方自己就会有很多自然而然的发现。

我的一位朋友新装修了房子，邀我过去做客。他带我参观了这个180平方米的大房子，装修的时候，设计师三易其稿，都没能让我的朋友满意。后来是由他自己动手设计的水路、电路及家具。

他跟我说，这个100寸的家庭影院有一个挺大的投影仪及很多音响设备，他都一一量好尺寸自己手绘设计了电视柜……房子的很多细节都足见他的耐心、细心、用心。

参观完我们坐下来喝茶，边喝茶边对话。

娜娜：我最近的状态，平静中带有一种喜悦。

朋友：我也很平静，不过平静中是死气沉沉，生无可恋的，活着或是死了，都觉得不是那么在乎。感觉自己没有灵魂，没有心，就是一副躯壳。

娜娜：听你这么讲我真的是挺好奇的，以你对人的理解，你觉得一个没有灵魂、没有心的人，会花那么多的时间和精力，饶有兴趣地去设计那么多柜子以及水路、电路的走向吗？

朋友：（干脆地）不会呀！

娜娜：所以呢？

朋友：（哈哈大笑）你的问题真的很提神醒脑。

娜娜：如果一个人真的生无可恋，那就在死气沉沉中沉沦了，怎么会花这么多的心思和精力，去考虑这么多的细节？从你对房子的精心设计中，让我看到了你对家人的关爱，想让他们生活得更舒适，对未来美好优质的生活也有一份期待和憧憬。

（朋友会心地笑了，眼里闪耀着一份感动）

深层回应源自深度聆听，那是对生命的了解、理解，把你看到的本质，你对他的懂，深层回应给他，他就能深受触动，满满感动。

用深层回应释放心底深层的积怨

一天晚上，我健身后回到家，推开门映入眼帘的不是做好的饭菜，而是餐桌上底朝上倒扣的电饭锅。我问婆婆这是怎么回事，她说：“在没有放电饭锅内胆的情况下，把米和水直接倒电饭锅里了，还好在插电线前发现了电饭锅在漏水，就赶紧把米和水倒出来了。”

谢天谢地，没有插电线！

我们在沙发上坐下来，进行了一段对话。

娜娜：是不是做饭的时候又着急了？

婆婆：一干活就着急。

娜娜：这种情况持续多久了？

婆婆：从我还是孩子的时候就开始了，当时我还住在奶奶家，她对我很凶，只要看到我待着，就会骂我，所以，我总是一刻不敢停地着急做事情。

（婆婆开始流泪，我拍了拍她的肩膀）

娜娜：所以，很着急地做事的习惯由来已久，而这股压抑的情绪也憋在心里好久了，如果感觉很难受，就让这股情绪流露出来，像打开水龙头一样让它释放出来。

（婆婆哭得很伤心，我递给她两张纸巾）

娜娜：现在感觉怎么样了？

婆婆：感觉胸口通畅了很多。

焖米饭没放电饭锅内胆，类似的事情，在每个家庭可能都会发生。我们的习惯动作是先抱怨，怎么每天都干这样的事情？焖米饭的时候想什么呢？不放内胆的后果有多严重呀……

当我们盯着这些事情看的时候，就忽略了人。就很难看到这么一件事情的背后，居然隐藏着一个人积攒已久的委屈和压抑。

我们都希望和家人的关系是和谐亲密的，而关系的建立并不在对事情的掰扯和抱怨中，而在对彼此的理解和珍惜中。

如果你希望和家人能够深入地对话，而不是每天就事论事地浅层对话，那么首先要做的就是认真聆听家人讲的每句话，同理这个人。

首先，想深入先同理！

婆婆刚搬过来跟我们住的时候，曾很小声地讲过一句话，她说一到厨房就紧张。我后来设身处地站在她的角度感受了一下，一个一直生活在村子里的老人，又不识字，看着油烟机、电磁炉、电饭煲上的一个个按键，完全要去死记硬背，就像把我们带到一个语言不通的国家去生活是一个道理。

同理一个人并不容易，所以才需要推己及人，我总结了一个同理类比换算公式，“他那样=我哪样，”婆婆一进厨房就紧张，相当于把我放在一个语言不通的国家生活一样。

当我们不理解一个人的时候，就可以多做做这样的换算，从理解自己到理解他人。

其次，用行动去回应一个人的需要。

一个人的行为模式是在日积月累中形成的，比如我婆婆一做事就着急，而且她的记忆力越来越差，越来越糊涂，越糊涂越乱，越乱越急。我看到她的这种情况后，给她专门设计了符合她现况的练习方案。比如，做饭前我会问她，今天准备做什么？先做什么，后做什么？让她把流程给我讲一遍，第一步、第二步、第三步……

我发现这种轻度的脑力练习可以延缓大脑萎缩，而且当她能梳理一遍流程的时候，她就能做到心中有数，也就没有那么着急了。

行动是无声的语言，如果你讲不出那种深入人心的语言，那就用实在的行动熨帖人心。

最后，在时间的长河中去看一个人生命的全图。

张爱玲说，如果你了解我的过去，那你会理解我的现在。

当我们盯着一件事的时候，每个人都会有不同的观点，很容易发生争执。但是把时间线拉长，我们就会看到一个人为什么会抱持这样的观点，看、看到、看懂，我们就不会有什么情绪了。

我婆婆是一个异常节俭的人，尤其是对她自己，这曾让我们很不舒服。后来我了解到，她父母早亡，下面还有弟弟妹妹，很小的时候就下地干活，没有读过一天书。嫁给公公后，公公常年在外面跑业务。她带着两个孩子，还要去地里干农活，家里家外就她自己一个人操持。生活把她磨炼得特别能吃苦，特别能忍耐。她像一株野草一样，顽强地向上生长，身边的人好，她就好，她好像从不会提出自己的什么需求。一个人得到的爱太少，自己又不会爱自己，生命就会呈现出紧绷蜷缩的姿势。

一个人的行为模式是在大环境中逐渐塑造起来的，并且支撑着他度过了艰难岁月，虽然现在日子过好了，但一个人的行为模式并不会马上就得到改变。当我们能够看到一个人的生命全图，就能更好地理解那个人当下的生命状态以及他所抱持的信念。了解得多了，评判就少了，更多的就是对生命的尊重和敬畏。

深度对话，深层回应，是对生命有深入的了解、懂得，对生命理解得越通透，自然就能做到对话越深入，这是真正的由内而外。

练习6

小试身手，看看你能深层回应到哪里

我们几个共同学习的同学曾在一起组成了一个晨练小组，每天早上做角色体验练习。有一天我做主持人，在组织大家做开场互动的时候，听到一位同学说：“前天晚上喝了酒，昨天早上没起来，没有参加晨练，今天上线的时候有一种一日不练如隔三秋的感觉。”

听到他讲的这句话，我对他做了一个深层回应，他听到后，对我讲，娜娜你太懂我了。大家猜猜看，我的这个深层回应讲的是什么内容？

（参考答案见书后）

第三章

厘 清

我们每个人的内在都有恐惧，也有爱，这两者是并存的，只在于你引导了什么。从引导恐惧变成引导爱，会让天堑变成通途。

“一千个读者心中有一千个哈姆雷特”，同理，一千个“拖延症”也有一千个具体的需求。拖延是表象，这背后的真相需要我们用心去了解，而不是用我们的惯性思维，去判断、去牵引。

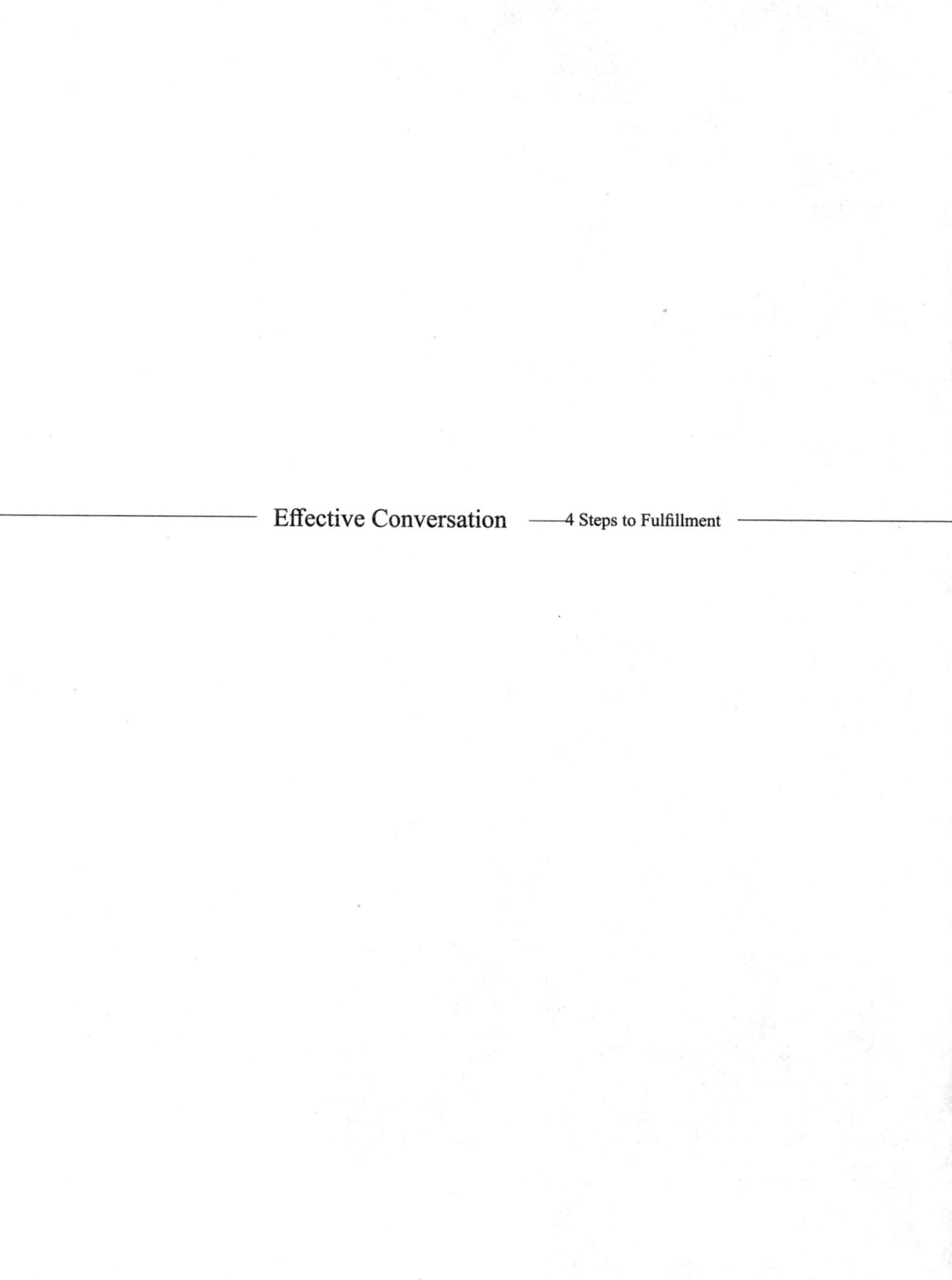

第一节　厘清需求，对方真正想在对话中探索什么

拨开表面需求，听到核心需要

生活中，当朋友问到你，“我要不要……”时，其实是朋友遇到了一个选择上的困惑，你可以很热心地跟他探讨，但如果只是就事论事的话，就很难发现对方的真正需要。

学员对话

小红： 微信最近开始推广“有播”，一款直播的产品，我的一位朋友把我拉进了一个社群，想让我去了解这个产品，并希望我能看到机会，抓住红利期，注册一个账号。这件事情给我的内心还是带来了一个小的波动，我要不要开个微信直播呢？

大京： 你刚才说要不要开个微信直播，这个我还是挺有感

觉的。

小红：因为现在微信直播才推出十几天，还处于平台红利期。而且我这些年一直也有一个想要去做直播的小念头，比如，去录“抖音”“快手”啊。另外，做直播好像意味着，我会去做另外一件事，走另外一条路。而且这条路也需要很努力，做很多的准备才可以。

大京：一方面有个想法想要去做直播，另一方面还有些担心，那么小红你是否想做直播呢？

小红：也想也不想，打个分的话，5分左右。以前我做过电台主播，表达是没问题的，如果做直播，其实就是卖东西，感觉还是有点怪怪的。

大京：那直播卖东西对你的价值在哪里呀？

……

这段对话表面看上去好像没有什么问题，小红想看要不要做直播，大京就带着她去看想不想做直播、直播的价值是什么……看似一直围绕着小红的需求，但这里有一句话很关键，是大京讲的，“要不要开个微信直播，这个我还是挺有感觉的”。

后面大京就跟着自己的感觉提问，把对话围绕在要做直播上了，每个问题都跟做直播有关。以至于小红讲了一个非常重要的信息，他完全没有听到。

教练示范

娜娜：小红，刚才听你讲，如果做直播，你担心会走上另一条路，当你这么说时，感觉现在你正在走着一条路，你在现在这条路上有多久了？从什么时候开始你感觉这里有条路，能回忆起来吗？

小红：这个印象是非常深刻的，讲起来仿佛历历在目。半年前，我参加了一个家庭教育的课程，受益很多，于是很想成为一名家庭教育的讲师，既可以让自己的家庭受益，也能让更多的家庭受益。这半年也一直在学习家庭教育相关的课程，感觉这条路是从水底一点点浮现出来的，越来越清晰。

娜娜：我明显感觉到当你说起做家庭教育讲师的时候，你的声音是有力量的，带着当时的那份触动、激动，和说起做直播卖货那种，“打个5分吧，也想也不想”，是完全不同的能量。

小红：听你这么一讲，我此刻有一个发现。当家庭教育讲师是我发自内心的热爱，但也会有胆怯，我到底能不能做好呢？我之前并没有这方面的积累，看上去有些难。我感觉自己走在一条大路上，路上遇到了一些障碍，我就跑到小路上看风景去了。但现在我清楚了大路才是我内心的向往，路上看到了障碍，要想办法扫除障碍，而不是换一条路。

听完我的这段示范后，大京说："我发现我把自己的感受、想法融进对话中了，做直播带货会让我想到一些知名主播，不自觉地就去引导小红做直播。"

当我们把自己的想法、需要带进对话的时候，我们的耳朵就会受到干扰，就会听不到对方的真正需要。从心理学角度来看，人们往往喜欢听自己喜欢的东西，或者按照自己的方式去理解听到的东西。通常在这种情况下，人们或许并不能理解对方的真实意思，因此大部分人在听的时候，只能真正理解其中25%的含义。

神经语言程序学大师罗伯特·迪尔茨在20世纪80年代提出了一种行为改善技巧——理解层次模型。在这种理论之下，人的心理—行为构造被分成了六个层次（参见图3–1）。

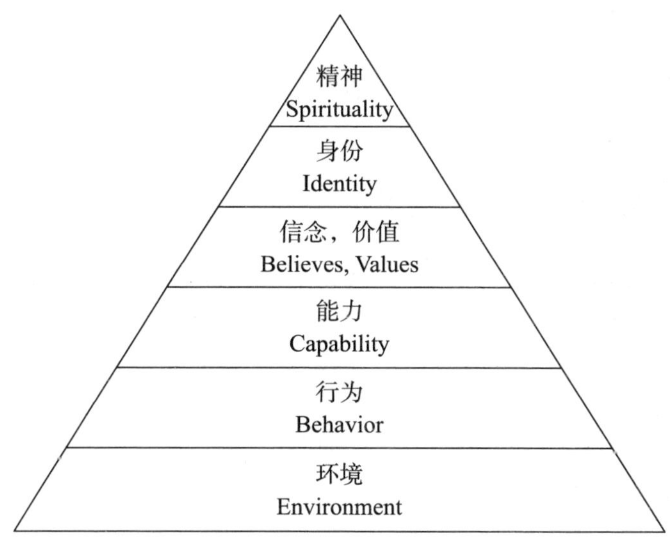

图3-1　迪尔茨理解层次模型

★精神：代表自己与整个世界的关系。（人生的意义是什么？）

★身份：自己应该用什么身份去实现人生的意义。（我是谁？我要怎么过完我的一生？）

★信念，价值：与这个身份相匹配的信念和价值观是什么？（为什么这么做，有什么意义？）

★能力：我有哪些选择？我还需要掌握哪些能力？（怎样做？懂不懂？）

★行为：我们采取的动作。（做什么？有没有做？）

★环境：外在的条件和障碍。（什么时间，什么地点？其他人和事物是怎样的情况？）

按照这个模型来看下小红和大京的对话，看似小红纠结的是要不要开直播这个选择题。这在理解六层次中对应行为/环境层，属于比较低的层次。外界环境出现了一个机会，看似有平台的红利，于是，她开始纠结要不要付诸行动，抓住这个机会。

但其实，真正困扰小红的是精神和身份层的问题。做家庭教育讲师让她觉得人生很有意义。那她到底想要成为一名家庭教育讲师还是一位网红主播？她未来到底是给学员讲课，还是每天直播“带货”？

当生活中有人跟你讨论“我要不要……”的时候，是希望能跳脱就事论事的困境。要不要做直播？关注的是事，但这件事本身并不是核心，事是由人做的，他以一个什么样的身份来做这件事，人在做这件事时是一种什么样的精神状态，这件事对他的意义是什么，这才是他真正想要讨论的需求。

爱因斯坦说过，不能在制造问题的层次来解决问题。

回到“要不要做”这个选择题上，如果对方的困惑在行动层，这是一个低层次的问题，在高层次更容易寻找答案。反过来说，如果是一个高层次的问题，但是却用一种低层次的方法来处理，其实并没有触碰到根本，因此也很难有本质的突破。

让对话“接地气”

我们在对话过程中，有时对方会提出一个看似很虚的话题，如果我们跟随着这个虚幻的问题，那聊上半天可能还如堕云雾、不明所以，所以，一定要把这个话题从“天上”拉回“地上”，比如下面这个案例中关于“想和做”的思辨对话。

学员对话

小牧：我以前是说做立马就做了，我的信条是做了再说，我也觉得挺好的，不会去瞻前顾后，而现在是想得更多了。

大江：这个变化会让你有什么感受？

小牧：以前是做得多，现在是想得多。我就想回到那个多做少想的状态。以前偶尔也会感到“慌”，而现在是各种担心。

大江：想到就去做，对你来说它的意义是什么？

小牧：做了才能明晰方向。

大江：那当你处于这种状态时，会是什么样的心情呢？

小牧：反正会觉得比较充实吧。

……

想问大家一个问题，一个人带着“想和做”的话题而来，他想探讨的真的是到底要先做后想还是先想后做，抑或是上来就行动会带给我什么心情吗？

除非是在辩论赛中，要我们辩一辩到底要先做后想，还是先想后做，锻炼一下思辨能力；在生活中有人提出了这个话题，我们需要了解他背后到底有什么需求，“想和做”只是一个人表面的困惑，他卡在了“到底要不要上来就直接做呢”这个问题上，其实，这背后困扰他的是一些具体的、不清晰的事情。

这时，我们可以由情绪进入，每种情绪背后都隐藏着对方一个未被满足的需求。

教练示范

娜娜：我刚才听到小牧说，现在准备做的时候会有担心，我想了解下你担心什么？

小牧：是这样的，2009年我在没想清楚要干什么的情况下，就很快速地注册了公司，而且越做越顺，越做越清晰。现在到了华盛顿，也有新的公司或项目要去做。结果跟身边的人“取经”后，发现之前看中的“好项目”，风险很大，于是会有很多的顾虑，担心投入后会亏损。

娜娜：我听到你刚才讲第一次创业是在2009年，在国内，当时你的公司做的是哪方面的业务？

小牧：是一家培训公司。

娜娜：你之前的职业是什么？开这家公司和你以前的职业有什么关系吗？

小牧：我做了十年的项目管理，听你这么一问，我发现第一次创业，之所以会有快速的行动，那是带着职业的经验、积累的。虽然当时是第一次创业，一切都要从头开始，但那个领域我是熟悉的，因此风险是可控的，我还是有比较明显的掌控感的。

娜娜：关于第一次创业快速行动的背后，我们有了一些清晰，这对于你第二次创业的帮助是什么？

小牧：我了解了自己能够行动的安全边界在哪里，我是需要有比较强的安全感和掌控感才会去行动的。我目前正在调研的有两个项目，之前一直把关注点放在一个风险较大的项目上，这也是为什么会研究很久，但一直没有行动的原因。这次对话结束后，我会把关注点聚焦在那个风险较小的项目上，再多做一些调研，有了更多的了解后，相信行动会很快跟上的。

大江问我，为什么小牧没有上来就说具体的事情，而是绕到“想和做”的感慨上来呢？

美国哲学家约翰·杜威说，把问题说清楚，就等于解决了一半。

当我们处在困惑中，我们往往都不清楚自己的问题究竟是什么。真正的问题、需求被挡在了困惑的幕布后面，所以厘清才显得格外重要。

如果我们在工作、生活中，听到对方上来就谈一个很“大”的话题，而且带着自己的困惑，比如像小牧这样，开始就讲“想和做”的话题，那我的第一个问题就会问：“听你讲到想和做的一些感慨，关于以前和现在，会有一些不同，那我想了解一下，你是有什么发现或是观察，而让你有了这样的感慨？”

从小牧后来的表述中，可以看出，她现在正经历二次创业，她会和第一次创业做一些对比，因此会让她有这样的感慨，当我这么问的时候，她就可以直接地讲出自己目前面对的具体的情况，而不是在“想和做”上进行“云中思辨”了。

跳脱惯性思维，了解真正需求

对一些问题我们常常会用惯性思维来思考，内心也对此有自己的答案。比如说讲到拖延，我们就会不由自主地把解决方案联系到时间规划表上去。所以当对方提出这个问题时，我们就会竭尽所能地朝着这个方向去引导，当预设了方向，我们可能就和对方的真正需求擦肩而过了。

学员对话

小林：最近比较干扰我的是拖延症，虽然一直都有拖延症，但是最近越来越严重了。春节前要写一个材料，虽然我不擅长写，但还是答应了，并承诺了春节假期结束后交上去。假期八天的时间每天都说要写，但每次一准备动笔的时候，就对自己说再等等吧，看看手机，很快假期要结束了，实在没法儿拖了，最后一天晚上熬夜写到很晚。所以我想看一看，到底是什么原因会导致这样的事情发生？

大宇：小林，你是真的没时间吗？为什么玩手机就有时间呢？

小林：所以玩手机就把写材料的最好时间给浪费掉了。

大宇：那做什么事情你是不拖延，会立刻行动的？

小林：有他人关注的时候，事情做完了别人会夸我真高效，或者是比较有使命感的事情，会立马做。

大宇：写材料属于这类事情吗？

小林：不属于，没有使命感，也不是我擅长的。

大宇：哦，那不擅长的事情我们就可以不做了吗？你会怎么一点点向前推进呢？

小林：嗯，定目标、做时间规划表，我觉得应该会比之前好一些吧。

……

我请大家关注大宇的提问，“你是真的没时间吗？为什么玩手机就有时间呢？”“不擅长的事情我们就可以不做了吗？”

当我们听到大宇这样对小林讲话的时候，有没有感觉很像家长对待没有完成作业的孩子？这不是提问，是质问！站在更高处向对方发问，彼此并没有建立平等的关系，也没有客观中立地去了解对方。

虽然小林最后表了决心“定目标，做时间规划表”，但他用的词是“应该”。如果孩子说：“我放学后应该先写作业。”那他往往是知道但又没做到。虽然小林看似有做时间规划表的行动计划，但他不见得真的会行动，更像是对“大人”质问的一句搪塞。

教练示范

娜娜：小林你是创始人，我想了解一下，你的这个材料是做什么用的呢？

小林：给行业协会写的一个报告，用来评选一个头衔。

娜娜：你说写这个材料是你不擅长的事，那是你想写的吗？

小林：也不是我想写的，但疫情给企业带来冲击，那个头衔会给企业带来帮助。

娜娜：嗯，了解，是你不擅长的，也不太愿意写的。那你有想过运用一些资源来解决这件事吗？

小林：我之前有想过让下属来写，但担心他们写不好，写不出企业宏观层面的东西。你这么一问，我突然发现是我对下属不太信任，认为他们胜任不了这样的事情。而且，经你这么一问，说到资源这里，我发现我根本都没有想过去外面找一些人来写，我可以把我的想法、信念说给他们，让专业的人来做专业的事。

通过这个案例，你发现了吗？并不是所有的“拖延症”，最终都要走向“时间规划表”。

“一千个读者心中有一千个哈姆雷特”，同理，一千个“拖延症”也有一千个具体的需求。拖延是表象，这背后的真相需要我们用心去了解，而不是用我们的惯性思维去判断、去牵引。

练习7

在对方的需求上做功，让关系更亲近融洽

有一句歌词是这么写的，“为你付出了那么多，你却从来都没有感动过”，伤心之人必有困惑之处。

我的一个朋友跟我抱怨她老公一点都不懂她。

妻子：帮我洗个梨。

丈夫：梨太凉了，苹果好，我给你买了一箱苹果。

妻子很生气，“我就想吃个梨，就让你洗个梨，怎么这么难呀！”

作为旁观者，我们能够感受到丈夫对妻子的关心。但这份关心因为没有真正地满足妻子的需求，而让妻子觉得丈夫一点都不懂自己。

关系中最珍贵的懂，是对方能够了解自己的需求。怎么做到呢？只需这三步：

1. 聆听需求

2. 核对需求

3. 满足需求

用这三步，我们来重新上演一遍夫妻间的这场对话。

妻子：帮我洗个梨。

丈夫：洗个梨，是吧？你是口渴了吗？

妻子：不是口渴，就是想吃梨。

丈夫：哦，梨太凉了，我洗完切半个给你，可以吗？

妻子：好的。

【聆听需求】：妻子让丈夫洗梨，洗梨是一个需求。

【核对需求】：之所以要核对，是因为我们太容易直接给建议，在没有弄清楚对方需求的时候，建议就出去了，核对需求就是要做进一步的了解。

【满足需求】：核对后，你了解了妻子就是想吃梨，而你又很关心妻子，所以提出切一半，妻子吃到了梨，也收到了你的关心，她很满足。

半个梨VS一箱苹果。

半个梨让妻子满意，家庭和和美美；一箱苹果让妻子生气，家庭气氛压抑、紧张。

发现了吗？爱不需要付出那么多，而是在了解对方需求的基础上，恰到好处地给予。

需求分析三小步，如果你在工作生活中可以切实地应用起来，那么各种关系都将精进一大步。

第二节 厘清心智，带对方觉察制约、化解干扰

用旁观者视角，让对方不再“我以为”

在这一节中，我们来关注一下人的心智模式，所谓心智模式，可以把它理解为人的想法，但并不是所有的想法都是心智模式。能够形成模式的，必然是长期存在的，根深蒂固的，而又浑然不觉的。人们最常见的一个心智模式就是预设，通俗地讲，就是“我以为”，看看下面这段对话中小美有多少预设。

学员对话

小美：我生命中的男士都去哪儿了？前两年经人介绍认识了一位男士，不太合自己的心意，就分手了。这一两年，生命中都没有出现什么男士对自己感兴趣。我也知道这事急不得，也在开始和自己好好相处，去找寻自己、了解

自己。

大冰： 那在找寻自己的过程当中，你有更爱自己吗？

小美： 有，开心了很多。去年9月，我40岁了，我有一个观念，而且世俗也会有这样的观念，就是女人一旦过了40岁就很难进入婚姻关系中。可惜我还是没有遇到合适的，于是，我一狠心就把裙子都扔了。其实我超级不喜欢穿裙子，但之前春夏秋冬都穿，因为我觉得男生都喜欢穿裙子的女生。我从去年开始看一些电视剧、综艺，有了喜欢的演员，平时会看一些他们的资讯，有时候也会安慰自己说，现实中的男生肯定不会有电视上的好。

大冰： 你是发自内心想看综艺吗？

……

短短的一段话，小美就讲了好几个预设，“女人一旦过了40岁就很难进入婚姻关系中”“男生都喜欢穿裙子的女生”“现实中的男生肯定不会有电视上的好”……

小美内心想要找寻自己、了解自己，想要进入一段恋爱关系，但当她有这样的预设时，就不会有走向目标的行动。“现实中的男生肯定不会有电视上的好”，既然这样，时间、精力就用来刷剧、刷综艺好了，她又怎么会认真地观察、了解现实生活中的男生呢？

活在预设中的人，就是活在幻想里，活在自己的“以为”里，因为没有认真地面对现实，现实也难在你面前露出笑脸。

这时，如果你跟她说，醒醒吧，别做白日梦了，那是你的以为，你的预设，那不是事实。你觉得对方能听进去吗？双方多半会陷入观点之争吧？所以，这个时候不是去讲道理，不是去辩论，而是引导对方自己看见。

教练示范

娜娜： 小美，我听到你一开始讲，已经开始了一段找寻自己的旅途，那进行得怎么样了呢？

小美： 我对自己比之前要好一点了，却还没有到那种完全自由的、对自己非常认可的状态。但比过去要好很多，过去我对自己是麻木的，只会看到自己身上不好的地方。

娜娜： 你说已经对自己好很多了，但还可以更好，还有继续提升的空间，那你现在对自己的了解、认可，如果满分是10分的话，你现在走到几分了呢？

小美： 六七分了吧。

娜娜：那你感觉剩下的三四分是什么？

小美：全然地相信自己，能够完全地接纳自己的状态。但是我现在不确定，对自己不满意才会有往前走的动力，包括减肥、运动、学习。我内心会有一点恐惧，如果我完全地接纳自己，相信自己，那样是对的，是好的吗？

娜娜：你对完全接纳自己、相信自己这件事了解吗？什么是完全地接纳自己、相信自己？

小美：不完全了解。

娜娜：是的，就像你说的，还有三四分，还没有到那里。你现在站在山腰上，有人过来问你，“山顶上的风景怎么样？”你觉得你可以回答他吗？

小美：不能，连我自己都不知道。

娜娜：那此刻你对自己有什么发现呢？

小美：发现自己假想的东西太多了，还没有体验，都是臆断，就先把恐惧和拒绝放到前面了，这是让我没有能够走到那里的一个重要原因。

对话结束后，小美反馈说：“以前做心理咨询的时候，心理咨询师跟我说，没关系，你不要害怕。你就让自己晚上在家完全不学习；你不用去控制饮食，让自己胖一点点；你就去试一试。我发现自己根本就不想试，我不想承担这样的后果。那个心理咨询师是没有打动我的。刚才娜娜老师用了山腰的类比，让我对自己有了一个很清晰的看见，而且是很自然地就接受了自己。我发现我可以去试一试完全接纳自己是一个什么样的状态。而且，当我回到自己，开始去接纳、了解自己的时候，我突然感觉这一切的问题也都不再是问题了。”

俗话说“旁观者清”，作为旁观者，你有可能看清对方身上的模式，但你要怎么讲，才能让对方看见呢？毕竟“当局者迷”嘛！

巧妙地运用类比就是一个很好的方法，这个方法的核心要义就在于你让当局者也抽身成为旁观者，当他可以抽离出来，从旁观者的角度看自己的时候，这个抽离出来之后的视角就可以让他把自己的模式看清楚了。

用去角色化，改善冰山关系

人活一世，总会扮演一些角色，不同人的角色和角色之间就构成了关系。我们对自己的角色会有自己的定义——“我应该……”对他人的角色也会抱有期待——“他应该……”这两个“应该”往往不一样，所以，才会有那么多冰山一样的关系。

学员对话

小星：昨天晚上我和母亲通了个电话，她问我在做什么，我说我开始做公众号了。她连公众号是什么都不了解，就对我讲，你不要做这个了，你应该做什么什么……从小到大她都对我有很多强硬的命令性要求。我最近工作非常忙，需要她来帮我看一下孩子，她在这儿待了几天就走了。我真的想说，小的时候她对我是重男轻女的忽视，现在对我是见死不救的无视。

大力：你有尝试过和母亲进行沟通吗？

小星： 没法沟通，完全说不到一块，一说就吵架、就生气，我目前没有跟她沟通的需要，像这样她过她的日子、我过我的日子还安宁一些。

……

从对话中，我们可以看出来，小星的母亲对自己角色的定义是权威者，孩子就应该听我的；小星对母亲角色的定义是支持者，我生活有困难了，母亲应该来予以援手。

当我们对自己抱有“应该”的执念越深，关系的鸿沟就越大，每次的争吵就相当于往鸿沟里扔了一大块坚冰，直到彼此间矗立起一座高耸入云的冰山。

这时的关系要如何破冰呢？我们需要剥离附着在人身上的角色身份，去了解生命的本色本心。

教练示范

娜娜： 小星，假设你是一位心理咨询师，此刻我邀请你来感受一下，你的母亲是今天来找你咨询的一位客户，你可以忽略她是你母亲的身份、角色，她和找你咨询的其他客户一样，坐在你的对面。你只是以一个平等的、看待生命的视角来看待这个人，看待这个生命，没有对她的分析、评判，只是静静地、专注地来看这样一个生命，你会看到什么？

小星： 哇，听你这么讲，好像一下子就找到了原因。我一直把她当作母亲来看，没有把她当作一个生命来看，没有完整地去看待，完整地去了解。我之前压在身份底下去看的时候，得到的结论是非常片面的。她只是看上去很强势，但强势的背后，她也有委屈、胆怯、害怕、自责等情绪，还有遇到事情不知道该怎么办的迷茫。

娜娜： 当你可以更完整地去看母亲的生命时，这对你和她的关系有什么帮助吗？

小星： 此刻，我对她有了更多的了解和理解。和儿女的关系如此，她的内心应该也会不好受，也会有挫败感。她也没有学过沟通，不知道怎么和我们来沟通。我需要给她一些时间，对她有更多的尊重和相信。相信当她想走出来的时候，她能以自己的方式释然。

对话结束后，小星反馈说："'去角色'对我的冲击太大了，我突然发现和母亲跨不过去那个鸿沟就是因为我在角色上框得太死了。我一直是作为一个女儿的角色在看待母亲，没有把她作为一个生命更完整地去了解。我之前也做过各种尝试和努力，但总觉得差点意思，刚才听你这么一问，有一种茅塞顿开的感觉。”

很多家庭的通病也是如此——我们虽然生活在一个屋檐下，但我们从没有真正认识过角色外衣里的人，我们不过是在和角色的职责、权利、义务过招。

化解冰山关系的核心还是要回到“人”，因为人是底层，角色是表层，洞穿角色去看人，这样角色才是有生命力的、有爱的、有力量的，是活泼流动的。

用汇总排比式镜阵，让对方豁然开朗

我们常常把自己推向矛盾对立之中，上一刻刚“是的，是这样的”，下一刻就“但是……”，“是的，……但是……”的模式非常耗能，它让我们不清晰自己的目标或自己想要的到底是什么。

学员对话

小月：虽然我知道要多去看心之所向、追随自己的心之所向，但我还是想要看看我的心智模式。我发现在人多的时候，我还是想要融入进去和大家沟通，但却表现得比较沉默。以前的我不是这样子的，以前我和什么人都能讲话。我想看看这种情况的背后到底有什么？

大刚：你以前能讲的时候是什么样子呢？

小月：以前每到一个新的环境，我很自然地就能交到朋友。我做第一份工作时，还挺好的，很容易跟人聊起来。第二份工作开始的时候，我被一个相处多年的好友伤害了，从那之后我就变得很沉默，给自己设了心墙。我内心有种感觉，只要我保持沉默，别人就不知道我在想什么，就不能伤害到我。但其实我们有一份工作并不单是为得到工资的回报，还是挺想要融入团体，有那种团队的归属感。

大刚： 你说以前和人交流是很自然的，那自然而然地交流的背后是什么？

小月： 安全感和自信。我好像刚才有个连接，脑子里一直有根弦儿，我经常对自己讲，我不属于这里，我跟他们不一样。

……

在这段对话中小月有好几处内心的矛盾对立，她自己讲述的时候，比较分散，我们可以把这些内容一对一对地汇总起来，用排比的方式呈现给对方，让她一次性地看个够，就像一记重拳迎面而来，让对方提神醒脑。

教练示范

娜娜： 小月，从刚才你和大刚的对话中，我听到了你的三个矛盾对立的想法：

第一，你想要和别人有沟通交流，但每次人多的时候你更喜欢保持沉默。

第二，你想要融入团队，获得团队的归属感，所谓归属感就是我在这里、我属于这里，然而你又会对自己讲，我不属于这里，我和他们不一样。

第三，一开始你讲，知道要去追随心之所向，但你更想看的还是心智模式。当我这样讲的时候，你对自己有什么看见和了解吗？

小月：当你把这些串在一起讲给我的时候，我感觉我的头脑一直在打架。一方面是自己的心之所向，想要融入；但另一方面，沉默也好、和人保持距离也罢，来保证自己的安全，不受伤害，就是没有合一。

娜娜：当你看到自己没有合一的时候，你的感受是什么？

小月：这让我很痛苦，心里面这么想，但是行为上就是做不到。当我不断地暗示自己，我和他们不一样，最后真的就变成了我和他们不一样了。我每天都在想我不想要的事情，就变成了我不想要的样子。

娜娜：是的，这就叫自证预言。你恐惧什么，心里不断暗示自己，“不要发生，不要发生”，然后就真的发生了。

小月： 是的，感觉自己一直都在“驴拉磨”的模式里面循环，是我把自己变成了现在的样子，跟外界没有关系。别人对我的伤害只发生了一次，而我对自己的伤害持续了十几年，是我自己一直背负着这个伤害，然后把自己打造成受害者的样子。今天感觉像重获了新生一般，谢谢娜娜。

我们在演讲的时候喜欢讲排比句，因为这会增强语言表达的气势。在对话中，当我们听到一个人有很多类似的矛盾对立时，可以“1+1+1”地汇总给他，效果会放大增强，让对方感觉不是在照一面镜子，而是身处在一个镜阵之中，3D立体环绕，一下子就使对方有了豁然开朗的感觉。

练习8

“九点练习”，觉察你脑中的框框

我们做教练培训的时候，经常会使用著名的“九点练习”，来形象化地说明我们都倾向于做自我限制的假设，对于那些不熟悉这个练习的人或者是曾经做过但记不得答案的人，参见图3-2。

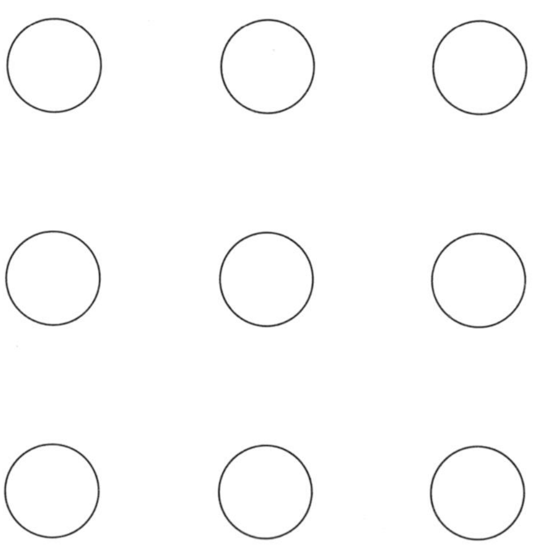

图3-2 “九点练习”示意图

没有做过这个练习的朋友，可能一开始会在图上连来连去，但会发现怎么也找不到突破。当我们把所有精力都放在这个平面图形上的时候，就会深陷其中，无法突破。

生活中，我们也会把自己置于类似的“平面图形”中，怎么绕也绕不出来，这就是我们的心智模式、限制性信念，感受一下我们的一些顽固想法，我们是怎么被它束缚住，动弹不得的？

我们每个人都会有很多的想法、信念，并不是所有的想法都会限制我们，那些长期固化下来对我们产生负面影响的，使我们处在一种模式下周而复始的，才是限制性信念。

比如说，有些人会有这样的一个信念——钱是攒出来的。如果这个信念深深地融入了我们的血液中，我们就会把主要的时间、精力放在攒钱上，而不是创造财富上，这时我们就会被这个信念所限制。

回到“九点练习”上，或许我们已经开始意识到必须消除的假设是“必须待在方框内”。然而，如果题目的要求是仅使用3条甚至更少的线来串联呢？

欢迎来做各种尝试，在尝试中，体会被限制和突破限制的过程。这对于我们看到自己的限制性信念非常有帮助，自我觉察得越多，越能发现对话中的各种模式。发现是改变的第一步，不是吗？

（参考答案见书后）

第三节 厘清心声，听到了你才能带他去往心之所向

用心声的力量破解高难度对话

一次，我主持一个线下的读书会，现场有九位会员。

大家一开始坐下来的时候有说有笑的，这时B突然提高嗓音说："我想表达一个我的真实感受。我发现A（读书会的另一位负责人，当天没在现场）这个人线上和线下很不一样。线上她给我们朗读、拆书，声音非常温柔，我们有什么问题问她，她也会轻声细语地给我们解答。前两天线下见到她时，我问了她一个问题，没想到她回答得又生硬语速又快，一下子就把我吓到了，我都没有听清楚她讲的内容。"

B讲完后现场的气氛一下子就凝结了。

大家感受一下这个场景，它类似于孩子跑过来跟爸爸说妈妈的不是，下属跑过来跟领导说另外一个领导的不是。而且还不是私下单独讲，而是在一群人的面前来讲。

这就属于高难度对话了，如果处理不好，很可能旧的问题还没有解决，又滋生出了新的问题。A和B的关系不仅没有推动，还会把自己搭进去。

教练示范

娜娜：线下见面后，当你发现了A线上线下不一样的时候，你有了这样的感受，你当时有和A表达出来吗？

B：没有。当时想要表达出来，但还是按下去了，没有说出来。

娜娜：线下见面时，你对A有观察。你感觉她的语速有些快，讲得有些急。在这个观察的背后，我也可以感受到你的期待、心声是什么，你期望一个人的工作状态和生活状态是一致的，线上线下说话的状态是一致的。这个一致性既是你对别人的期待，也是你对自己的期待和渴望。

B：是的。确实如你看到的，我对这个一致性是有需要的，无论是对于A还是对于我自己。

娜娜：是的，说是A的一致性其实也是你自己的一致性。我们的内外如何一致？内在想要去表达，外在却没有行动、不去表达，对于你来讲，你的内外会怎样保持一致？

B：对，我也在设限，当我想要去表达的时候也没有去表达，和我自己追求的一致性也是不一致的。

娜娜：那此刻如果能够连接上你自己的一致性的话，你会做怎样的表达呢？

B：直接表达，表达自己的感受，也表达出自己想要探索的其实是这个一致性。此刻我突然发现，我一直把注意力放在关注对方上，总是在要求A要怎样怎样，现在我可以从关注A的一致性回到关注自己的一致性。

无论是工作中的经理、总监，还是家庭中的父母，或是一次活动的组织者、主持人，都是领导者的角色，英文是“leader”，我们要重点来看看leader的组成结构。

Leader=lead+er（角色+人）

我们往往比较关注的是前半部分“lead”——在一个组织中的角色，当关注点侧重在角色时，我们关注的是职位、职责、权力、事情、绩效。

当加了后半部分“er”后，角色中就有了人，我们来感受一下“角色+人”，角色就不再单单是一件外衣，而有了鲜活的生命。

这提醒我们处在角色中，更要懂得去关注人，那我们要关注人的什么？

关注人的感受、想法、需要、心声、渴望。这里最深层的是关注到一个人的心声、渴望。

当一个人提了一个意见，我们很容易会把注意力放在意见上，然后站在角色中表达我们对这个意见的赞同或否定，很多误解的加深都源自“角色+事情”的模式，忽略了人。

当我们开始从关注“角色”到“角色+人”时，我们就从关注意见到关注提意见的人，关注这个人表达意见时他的内心渴望是什么。关注在这里，聆听在这里，提问在这里，事情解决起来就犹如抽丝剥茧，绩效非凡。

以上是对话时，我们要侧重关注的部分。此外在处理类似的高难度对话时，我总结了这样三个原则：

1.尽量不回避

之所以用“尽量”这个词，是因为很多时候当我们面对这样的场景时，很容易慌乱，不知所措，就会本能地岔开话题，“现在是读书分享时刻，你说的这个问题，回头我们再讨论”。如果你实在不知道如何应对，那只能先不触碰这个问题。不过，这样的回答容易让成员对领导的能力产生质疑。

2.保持客观中立

一个当事人在场，另一个当事人不在场，我们很容易在讲话时失之偏颇，先关照满足在场的那个当事人。在类似的场景中，我曾听到过有的领导这么说，“这个反馈非常好，回头我就反馈给A，让他好好反思反思”。这么讲会有公报私仇的嫌疑，所以，一定要保持客观中立，一碗水端平。

3. 快速收口

当对方已经转念了，那这件事情就到这里，见好就收。接下来就转入正式的流程内容中。一定不要把它再扩展开来，不要说“大家今天有什么对我和A的意见，可以尽情讲出来”。当大家七嘴八舌地开始讲的时候，就很难再收口了。

用心声的力量激发持久的自驱力

有两股情绪力量能让人产生行动，一股是恐惧恫吓，一股是爱。我们会本能地用前者来刺激一个人产生行动。但如果你善于连接一个人的心声渴望，用爱春风化雨，那股力量是更持久、更绵长的。

学员对话

小雨： 我今天辅导孩子写作业的时候，咆哮得嗓子都要哑了。我跟他讲不快点写就要晚睡，影响第二天上课。不专心写老师第二天点评作业的时候会批评他……但就像短效药似的，刹那之间会震慑到他，但用不了两三分钟效果就没了，根本不能让他产生自驱力。他拖拖拉拉的，我再着急他也不着急。虽然我们都知道发火不好，但是在那个当下怎么能够控制好自己的反应，能够引导到一个相对好的结果？

大亮： 你生气的是什么？

小雨：是他不能够完成他的任务，还拖延我的进度，会造成我们之间的关系紧张，会导致很多不好的结果。

大亮：不好的结果发生了吗？

小雨：不好的结果发生了一个，就是很晚才睡觉。导致他睡眠不足，第二天上课的时候他可能会很困。

大亮：这是其中一个不好的结果，还有吗？

小雨：还有一个不好的结果，就是他会带着对我的怨恨去睡觉，因为我非常严厉地批评了他。

……

对话结束后，小雨反馈说，进行这段对话时感觉大亮和她的连接有些弱，对她的帮助不大。你发现了吗？大亮与小雨的对话，本质上来说，和小雨跟孩子的对话，如出一辙。

在小雨和孩子的对话中，她不停地刺激孩子去看不好的结果，希望能激发他快点行动。在大亮和小雨的对话中，大亮也会让小雨去看不好的结果，希望用这些不好的结果让小雨对自己的行为有所发现和觉察。但这种方法好像不但短效而且流于表面化，都没能从根本上解决问题，反而还让对方感觉没建立连接，影响到了信任关系的建立。

看来用恐惧、恫吓的方法，不但疗效一般，还会带来很多的后遗症。其实，能让人做出长期有内驱力的行动，那股力量来自恐惧的另一端——爱！所以，通过对话，我们要让对方连接上内心的爱，无论是对话还是困惑本身就都有希望了。而能走向爱的源起，就是能让对方先连上自己的心声与渴望。

教练示范

娜娜：小雨，我听下来，你很渴望做一个好脾气、不发火的妈妈，即便在面对孩子行为有些拖拉的时候，你依然能够安定、沉稳、从容地面对，这是你渴望的吗？

小雨：是的。这点我是清楚的，只有我自己沉稳、安定、从容，才能让孩子更专注、平和、有自驱力。

娜娜：好，此刻我们已经清晰了你的心声、渴望，这个渴望就是我们想要达到的目标，想要往前走的方向。让我们在内心感受这个沉稳、安定、从容的你，你会怎么看自己的现况？怎么看自己的着急，甚至咆哮得嗓子都哑了？

小雨：当我这样的时候，孩子可能会觉得害怕，这会成为埋藏在他心底的恐惧。这种恐惧会让他做什么都犹犹豫豫，看着别人的脸色行事，反而会更拖延。

娜娜：好，那我们了解了自己的渴望，也看清楚了目前的状况。那此刻你对自己的发现是什么呢？

小雨：我是孩子的一面镜子，我做过的事情不是像一阵风一样就过去了，而是会像一道光在他心里发生折射，有的会折射出来，有的会留在体内，甚至成为他的原生家庭之痛。

娜娜：所以你看到了，你是孩子的一面镜子，是孩子原生家庭的底色。讲到这里，你准备成为一个什么样的妈妈呢？

小雨：我希望我是平和的、有爱的，无论遇到什么困难，都可以和孩子共同面对，能够和孩子共同解决问题的妈妈。而且希望他遇到困难也可以来向我求助，我希望自己能成为像朋友一样的妈妈。

……

每次我做示范的时候，都会深深地感受到同样一个人，当我们用恐惧引导他的时候，他就会很着急，语速很快，不停地讲道理，他会觉得问题很严重，来不及了；而如果我们用爱去引导，引导他看到自己的心声与渴望，他就会很平静、和缓，语言中都流露着温暖与爱。

我们每个人的内在都有恐惧，也有爱，这两者是并存的，只在于你引导了什么。从引导恐惧变成引导爱，会让天堑变成通途。

用心声的力量破解自我否定模式

你是否经常会否定自己？做得好是应该的，做得不好就会对自己说："你怎么这么差劲，你简直糟糕透了。"长期自我否定会带给我们无力感，产生内耗，让我们天天跟自己打架，逐渐变得缺乏自信。如果有一种力量可以战胜这种模式，那就是心声的力量。

学员对话

小艾：我离开运营总监的职位之后，又来了一位新人。我看到他的工作中有很多的创新点，我觉得挺新颖的，同时我会对自己说，我怎么做得不够好。这不是一个事实，连我自己都知道。我在这个职位上做了那么多年，每年都会有一些新的东西，也能够得到大家的认可，但我就是会和新人去比较。我今年转型做人力资源总监，绩效肯定没有达到公司的要求，我会对自己有很多的苛责，做得不够好，连信心都不够了。

大光：听到你讲以前在运营总监的工作岗位上也做了很多年的

工作，那你能够讲一讲你做得这些比较好的工作都有什么吗？

小艾： 在运营总监的岗位上，我起到了一个很重要的作用。概括总结起来，我做了这五项重要的工作。第一……第二……第三……第四……第五……

大光： 我听到你做了很多的工作，当看到自己“做到”了这么多，你此刻的心情是怎样的？

小艾： 也没有什么特别的，没有感觉我很棒，很了不起，我觉得这是应该的，我确实很少会去看自己做得好的地方，每次当我想去看自己做得好的地方，总有一股很强大的力量，又让我盯着自己做得不好的地方。

……

在做教练之前，我曾以为不够优秀的人才会缺乏自信。做了教练后，接触了很多的案例，才发现优秀的人，像一些企业家、高管，他们也缺乏自信。

传统教育从小就培养我们怎么做一个更成功的人，但对于如何面对失落、失败，如何面对自己的情绪，却甚少提及，我们总是用意志力去对抗它，这让我们活得很拧巴。这样的认知或许已经积累了很多年，想要跳脱出来不容易，就像小艾自己也知道，“我做得不好这并不是事实”，但她还是会深陷其中很难自拔。

这种胶着靠转移注意力，比如想自己的“够好”，很难脱身，唯有一个人心声的力量能够将他带到开阔地带。

教练示范

娜娜：小艾，你说当你想看自己做得好的地方，就会有一股强大的力量，让你继续盯着自己做得不够好的地方，在这个强大的力量面前，你会有一些什么样的心情和感受呢？

小艾：会感到无力和不知所措，感觉被包裹、束缚。

娜娜：那你的内心想不想摆脱这种无力感，想不想冲破这种包裹和束缚？你的内在有没有渴望充满力量和信心？

小艾：有的，我有这样的渴望。

娜娜：那有多强烈呢，如果从1分到10分的话，这个渴望有几分？

小艾：挺强烈的，至少8分。

娜娜：渴望挺强烈的，你不想要这种无力感，想要力量和信心。好，那我们此刻就连接这份渴望，人的渴望就是每个人心中的心声力量。我们只和自己的心声与渴望相连接，这是一个人的生命力，它会像一粒种子一样，在你的心中扎根成长。你觉得这粒种子需要什么养料？你准备怎么去呵护这粒种子呢？

小艾：它需要阳光和水，不否定、不评判、多接纳、多鼓励自己就是在给这粒种子注入阳光和水。我此刻有了一种充满力量的感觉，种子是在的，我要好好栽培它。这是在构建一个新的模式，我用了几十年培养了一个否定自己的模式，每天用“应该的，不够好”这些养分去浇灌它，它都已经长成参天大树了，所以我才会觉得它的力量那么强大。那从现在开始，我就要构建一个新的模式，虽然它现在还是一粒种子，很弱小，但是你让我看到了种子是在的，就在我的心中，我只需要慢慢培养它就好了。

娜娜：此刻感觉心情怎样？

小艾：轻松了很多。这粒种子的比喻非常形象，让我找到了一个支点，也看到了希望。

那天对话结束后，小艾私信我："娜娜老师今天跟我的对话可以说是打开了我几十年心里尘封的一道门！最后种下的那一粒'神奇的种子'让我感受到了希望和信心，我愿意把这粒种子作为心锚指引我未来的行动。感谢娜娜老师让我重新找到内在的动力！"

自我否定是很多人很深的心智模式，我线上线下主理过几十场"活出自信，魅力绽放"活动，听不同年龄的人讲述自己的各种不自信。我发现想让自己活出自信其核心就是不评判，不否定自己，只和这一点相关。至于每天应该怎么做，这粒神奇的种子就是方法了。

对于经常否定自我的人来讲，我们活了多少年，就用了多少年栽培那棵否定自我的大树，用"不够好""应该的"源源不断地为它输送养料，所以它能长成参天大树。每当我们想要去看自己的好时，这股强大的力量就会出来阻拦。

但不管这棵树已经长得多高多壮，都已经成为过去，只要这一刻我们心中有正念，想要活出那份自信、力量，且内心充满着渴望，这就是你此刻的心声。我们就可以在这一刻，将这粒希望的种子埋在我们的心底，每天用接纳、鼓励去浇灌它。看着它从种子长成小苗、小树、大树。这是在重新培养一个全新的和自己相处的方式，也是真正学会爱自己的过程。

练习9

聆听自然、聆听你的心声

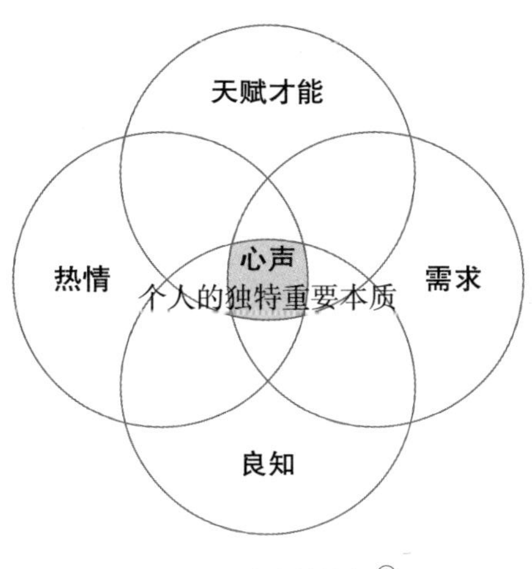

图3-3 心声的地位[①]

在《高效能人士的第八个习惯》一书中，作者柯维说："心声是个人的独特重要本质——当我们面对巨大挑战时，会表现出这种重要本质，也正是这种重要本质，使我们得以战胜挑战。我们每个人的内心都有一个深藏的、先天的、几乎无法表达的渴望，它驱使我们去寻找自己的心声。"

心声，是一个人内心的声音。遗憾的是，当我们处在滚

① ［美］史蒂芬·柯维：《高效能人士的第八个习惯——从效能迈向卓越》，陈允明、王亦兵译，中国青年出版社，2005年。

滚红尘中，各种限制性的想法经常会冒出来干扰我们。当我们与自己的内心失联时，自然也就无法听到自己的心声。

所以，在这个练习中，我们需要做的是静心，心静了，心声传递的信号就能接收到，否则心声虽然会每天呼唤我们，我们却一直处在忙线中。

在这个练习中，我们需要找一个安静的环境，挑选一块岩石、一棵树或一朵花作为“精灵”。

尽可能以各种方式认识并理解我们中意的“精灵”。例如，如果选择的是一棵树，我们可以用双手去抱抱它，感受它的“腰围”、纹理，想象一下它的生活是什么样子，告诉它我们欣赏它的什么地方，想想它可能拥有过怎样的生命经历。

当我们与中意的那个自然“精灵”谈心时，写下自己的答案，并尝试从它的角度观看生命。岩石、植物或动物无法用人类的方式与我们交谈，我们可以静下心来倾听这位“朋友”的回应。

我们可以向它提问：

*你几岁了？

*在这里生活，你感觉如何？

*在你的生命中，你经历过什么呢？

*你愿意与别的生命谈谈你自己吗？

……

与它们交流至少十分钟，记录下我们感受到的回答。

第四章
赋　能

只要我们真的想、真的干，我们就是在完成人生的自我超越。用行动战胜恐惧、未知、不确定，人生将收获一份富足的体验。而对话的作用，就是在对方还摇摆不定的时候，由你接引着他，向前一小步再一小步，扎实而坚定地不断前进。

行动来自意愿，意愿来自想法。当我们把身、心、脑有机地整合时，我们自然就能来到知行合一的境界。从一开始的一个小小的支点，逐渐扩大范围。

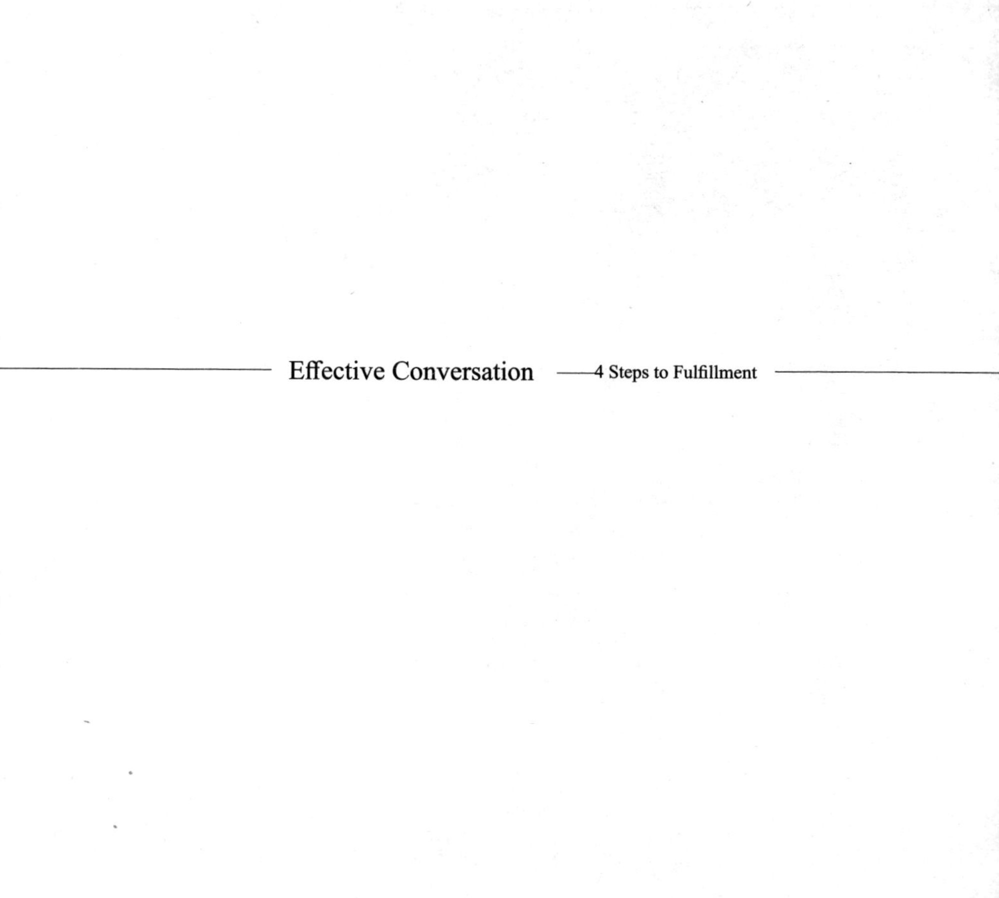

第一节　化解情绪，让对方如释重负

用事实带动反思，让情绪由负转正

两个人对话，有时是哭哭啼啼地开始，眉开眼笑地结束；有时也会是开开心心地开始，横眉怒目地结束。对话有一个很重要的绩效标准，那就是看对方的情绪值是提升了，还是降低了。

我们都希望通过对话，给对方带去温暖，为他解惑，而事实往往与愿望相违，我们经常做着给对方徒增烦恼、困扰的事情。对话前，对方带着一个困扰来，聊完了，对方带着八个困扰走。困扰增多，对方的情绪很自然会继续滑落。

学员对话

小文： 我们要评选先进员工，是需要申报通过一个科技论文的。这个论文是比较不好通过的，每年只有几个名额，大家都在抢。我觉得我们的业务经理有私心，他总是把名额给到跟他走得近的人，等我们知道了，名额已经占满了。这对我们的打击挺大的。但这种事也不好明着说，毕竟都在一个单位，大家都很气愤。

大华： 我听到你有一个肯定的判断，就是经理有私心。你是通过什么这么肯定地判断他有私心，做了这些事呢？

小文： 因为有人私下给他送礼，他就把名额私下给送礼的人了；有的人参加了好几次，资历也够，平时业绩也做得不错，但就是不给他。

大华： 听上去并不是你一个人的感受。别人也有这种感受，但是从来没有人提出来过，对吗？

小文： 有可能是我们觉得提出来也没有用。所有的权力都掌握在经理手中，我们够不着怎么办？提出来也没有用啊，如果直接去询问又显得自己特别傻，特别无知。

……

霍金斯能量层级图（参见图4-1）为情绪标定了相应的数值，200对应的是勇气，200以上是正向的情绪能量，200以下是负向的情绪能量。

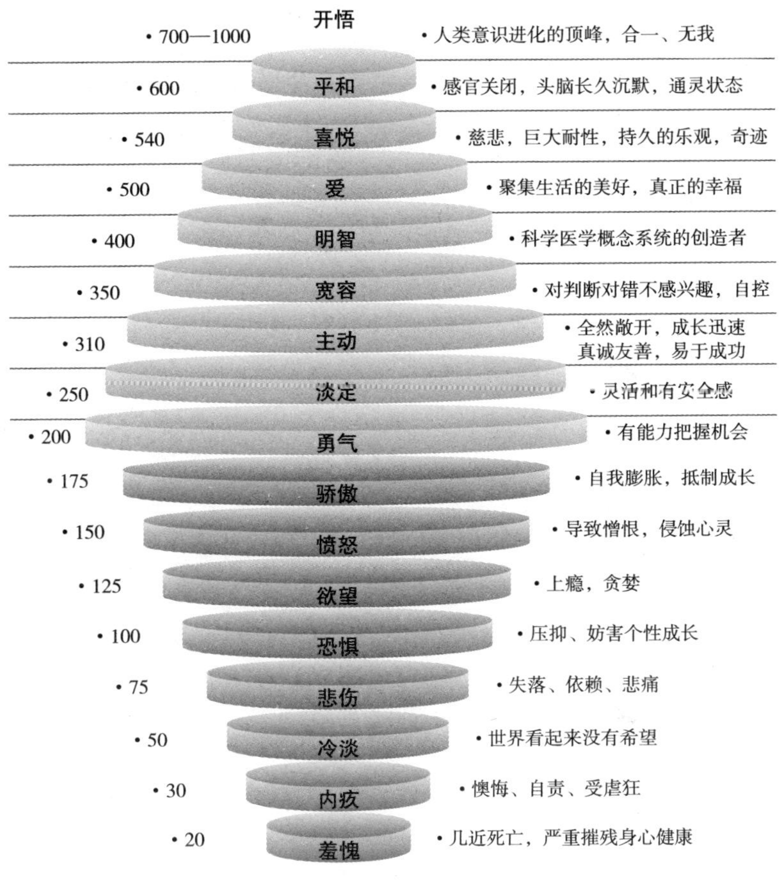

图4-1 霍金斯能量层级图

我们通过上面的案例来看看小文在谈话中的情绪值。他觉得这个论文的评选是不公平的，因此带着“愤怒”的情绪，

“怎么可以这样呢？”

通过跟大华的对话，他觉得“提出来也没有用”，当一个人觉得做什么也没有用的时候，是一种很无望的感觉，感觉没有希望了，他的情绪来到了“冷淡”。

“愤怒”对应的情绪值是150，“冷淡”对应的情绪值是50。通过一次对话，困扰没有得到化解，反倒徒增不少烦恼，情绪更低落了。对话不是给对方“负能”，而是要给对方赋能。这种赋能，不是简单的安慰，而是让一个人能够看清事实，从混沌来到清晰。

教练示范

娜娜：小文，你有没有参与过这个论文的评选呢？

小文：我参与过两次。

娜娜：结果如何？

小文：第一次是刚参加工作的那年，评上了。但是后来申报的时候，被告知工作第一年评选通过的不算，要工作满三年才算。我去年（也就是参加工作的第六年）又申报了一次，但没有通过。

娜娜： 第一次申报就成功了，你感觉如何?

小文： 当时会觉得这是一件很简单的事情，很轻松就可以通过。

娜娜： 当你觉得这是一件很简单的事，很轻松就可以通过时，这对于你后来的参与申报会带来什么影响吗?

小文： 哦，我发现当我带着这样的心态去做准备的时候，我没有那么认真地对待这件事了。我以为我还会很轻松地就能通过。而且我还发现，我第一年申报的时候，正赶上我们公司开始扩大职工队伍，当时一些老员工都申报得差不多了，只有几个新员工，但人家也没着急申报，所以，我第一年申报的时候，跟我竞争的人很少。而这两年不一样了，职工队伍壮大了很多，竞争也更激烈了。

……

那天我跟小文对话结束后，他说从现在开始，要为明年的申报去认真做准备了，先盘点下自己可以申报的主题，然后再看看可以聚焦到哪一个主题上。

在大华跟小文对话结束后，我开始接棒。当时，小文的情绪值还在50，他觉得努力没用、没希望；而跟我谈完后，他的情绪来到了“勇气”，对应的情绪能量值是200，一下子提升了150。情绪被提升了，人就有了行动的意愿，至于结果如何，一定是在行动中才会有实现目标的可能性。也只有在行动中，我们才能够更加回到自己本身，关注自己。

那这个转变是如何发生的呢？

大华问的是“你通过什么判断经理有私心？”我们一定要清楚的是，此刻的小文是带有情绪的，他觉得不公平，所以感到很愤怒。人在情绪中的时候，思维往往是混乱的，因此，他所回答的未必是事实，更多的还是会停留在“我以为”上，他觉得有人给经理“送礼”……

如果我们的对话是抛开了自己去谈别人，那往往谈的也都是我们对别人的“以为”，毕竟另一个当事人不在现场，我们又不能去核对。我想强调的不是别人一定没有问题，而是当我们把注意力放在别人怎样怎样上的时候，是解决不了问题的，这样的对话是没用的。一切问题的解决还是要回到正视自己的问题上。

我问的是“你有没有申报过，结果如何？”这里小文的回答只能跟“事实”相关，我没有给他留“我以为”的空间。

人们只有在“事实”中，才能对自己有反思、反省，这种反思绝对不可能发生在“我以为”中。在“以为”中问来问去，对方会越陷越深，情绪也就会被越拉越低。

从此刻开始去尝试问出跟“事实”相关的问题吧，它会带对方拨云见“悟”！

用感恩替换紧张，让心情平稳自在

我们在面对公众讲话的时候，会升起一种共同的情绪——紧张，如果你的这种紧张情绪非常强烈，那么比上网找“如何克服面对公众讲话时的紧张”更重要的是，停下来，了解一下自己的这种情绪。

学员对话

小新： 最近公司组织了一次演讲比赛，其实也是一次选拔赛。最终选出一个人代表公司参加市里的演讲比赛。评委是各个分公司的高管，每个人演讲结束后，他们都会给一些点评。我在上场前紧张得不得了，心怦怦怦地跳个不停，感觉心脏都要跳出身体了，完全不受控制，我不知道自己为什么会如此紧张。

大辉： 那你认为这次演讲比赛你准备得怎么样？

小新： 我自己觉得准备得还蛮充分的，演讲稿也打磨了很多遍，对自己的稿子还是比较满意的。

大辉：那有了这么充分的准备，为什么还会如此紧张呢？

小新：不知道，所以我很想知道。

如果你有了解过一些演讲的课程，那你一定知道，关于克服面对公众讲话时的紧张的第一条，就是做好充分的准备，打磨好演讲稿，准备好PPT，提前熟悉场地。但这些只是保证不那么紧张的外在必要条件，有之未必然，无之必不然——你做不到会令你感到不安；你做到了，也不见得就可以完全不紧张。

所以，比外在方法更重要的还是要回到内在的觉察。

教练示范

娜娜：小新，上场前你非常的紧张，心怦怦怦地跳个不停，那你紧张的是什么呢？

小新：我感觉我蛮在意评委给我的点评的，我觉得自己的稿子写得不错，所以好像不太能接受评委给我差评，说我有不好的地方。

娜娜：我非常理解你的这种感受，所有人在要开始被评价的时候都紧张，都会有忐忑、害怕，期待听到什么或者是不想听到什么。那当评委真的开始点评的时候，在那一刻你的感受是什么？

小新：其实评委的点评对我是有很大帮助的，让我对自己有了更多的反思，可以重新看待自己的演讲稿。他们都是真实的观众，坐在那里花了八分钟的时间听我的内容，然后给出作为一个观众的真实反馈。

娜娜：所以你的感受是那些点评很真实，能够带来真实的帮助，并且你一下子就感受到了。我想让你来看一下这个真实，真实的点评，会让你紧张吗？

小新：对，听你这么一问，我有了一个发现。之前我把评委给到我的一些建议、意见统统和差评画上了等号，所以就会有很多的担心、紧张、不接受。但真的走过来再回头看的时候，我发现评委给到我的这些意见、建议，对于我修改演讲稿，甚至重新看待自己的思路都有很大的帮助，这让我对他们抱有一颗感恩之心。我发现当我内心充满感恩的时候，留给紧张的空间就小了很多。

这些年从教学员说话，到辅导学员对话，关于克服面对公众讲话时的紧张，我总结了三个核心要点：

1. 面对公众讲话，紧张是正常的生理反应

每个人面对这种“一对多”的场面都会紧张，这是人类进化过程中一种非常自然的应激反应，所以，你并不孤独。认识到这一点，你就会多一份平常心，对紧张多一份接纳，而不是和它去对抗。

2. 从说话到对话，从我的想法到你的需求

我们在说话的时候，主要是关注自我的，“我要说什么？”“我刚才忘了一小段”“我可不要搞砸啊”……当这么多“我”出现的时候，我们的状态是紧绷的，就会比较紧张，放不开手脚。

当我们由说话到对话，用对话那种交流感、亲近感来讲话的时候，即便是一个人在讲，但我们也会关注观众，他们的表情是怎样的，有没有接收到我讲的内容，如果看到他们面有疑惑，可以停下来，问一下“对于刚才我讲的内容大家有什么疑问吗？”这对于和人建立真连接，促进真交流非常有帮助，观众会感到被关注，这样就有了互动，也能让我们从只有背了稿才会讲话的小白，一点点走向可以即兴表达的高手。

3. 带着感恩之心对待每个人的意见、建议

当我们站在台上被别人评价的时候，我们又何尝没有对

这些评价进行评判呢？就像小新，在开始讲话前，就已经开始区分自己期待的反馈是什么，自己不能接纳的反馈是什么。这些都会让我们的思想变得很局促，很难抱持一种开放的心态来面对别人的意见。所谓感恩之心，就是感谢别人给到我们一个新的视角，这对于更全面、完整地看待自己和自己产出的内容都会有裨益。

用了解代替评判，让你不受情绪困扰

生活中我们常常会带着情绪讲话，尤其是对我们的家人，一开口就把对方伤了，说完又很后悔自己当时的口不择言，对自己有很多的苛责。

学员对话

小莹： 下午老公负责看孩子的时候，孩子摔了一跤，我当时挺生气的，说了老公真是靠不住，他也挺懊恼的。说完我又后悔了，我发现自己没有好好说话，希望跟他再沟通一次，对他来讲应该是赋能的。

大易： 那如果再来一次你会怎么跟老公对话？

小莹： 不批评、打击他，现在这么说是没问题，但情绪上来的时候就做不到了。之前有过这种情况，如果我不在气头上就没事。在气头上，就会发怒、口不择言。

大易： 那你后续会有什么行动？

小莹：如果有火，先压着，尽量不说话，因为一说话就伤人。

大易：如果当时说话，把火气压下来，你要怎么互动？

小莹：还是把它发出来吧，不能压着，压下来会胸口痛，我曾经试过。

……

在这段对话中，关于生气发火时要怎么办，好像出现了两难的选择，发出来伤人，不发出来伤己。我们真的要面对这样两难的选择吗？就没有别的出路了吗？

教练示范

娜娜：小莹，你指责老公的时候，自己感觉很生气，你生气的是什么？

小莹：都是老公的错，是他没有看好孩子。

娜娜：当你看孩子的时候，孩子摔倒了，如果老公这么说你，你的感受会是什么？

小莹：怎么哪里都是我的错？明明是孩子调皮。哎呀，这么一看，我多了对老公的理解。孩子摔倒他也一定会着急、担心，还要听我数落，他一定更难受了。

娜娜： 那此刻你可以感受到，孩子摔倒后，老公和你的心情是一样的，都很着急担心；被数落的心情也同样难受，当你能够清晰真切地感受彼此的时候，你对老公有了一份了解、理解；你对自己也有了一份了解、理解。如果能看到且看全了，了解了、理解了，你的心情会是怎样的呢？

小莹： 如果在那个当下我都能够看到、能够清晰，我就不会有情绪，不会生气了。我直接处理孩子的情况就可以了。如果孩子没有什么大碍的话，我还会安慰一下老公，让他不用担心。

娜娜： 那你感觉一下这是不是你想要的，和老公对话时给予他的赋能？

小莹： 是的。

一些企业里会建“职工之家”，里边会放一些拳击设施，让职工把对于工作生活中的不满，通过锻炼击打发泄出来。

的确，情绪是一种能量，它需要被发泄出来，毕竟比起宣泄，我们更习惯的动作是按压它。

但比情绪的发泄更重要的，其实是对情绪的了解。情绪需要被看见、被了解。只有走向真正的了解，才可能走向真正的化解。不然，我们虽然用另一种形式把它发泄出来了，但其实只是转移了一下注意力而已，内在的那个块积依然是在那里的。

前两天，我跟老公要出门买东西，老公先去地下车库开车，他让我两分钟后下去的时候，把他工作服拿下去。结果我把拿工作服的事情给忘记了，到楼下才想起来。老公说："你真是靠不住。"我拍拍老公的肩膀，说："是呢，所以你肩上的担子很重呢，都要靠你了！"

我俩相视一笑，牵着手买东西去了。

"你真是靠不住"，这句话跟小莹生气时数落老公的语境是不是很相似？听起来是不是蛮能勾起情绪的？但我没有把它放大，没有自己"加戏"，没有想太多，我很清楚老公讲这句话的心情，也清楚他心里的想法，在那一刻我就都觉察到了。所以，我没有负面情绪。人在没有负面情绪的时候，总能"双商"在线：不会委屈自己，也不会苛责对方，而是能生发出幽默来回应对方。

对自己情绪的不断觉察，是一个人的一项修炼。它会让我们很清楚，什么话会成为钩子，勾动对方的情绪，所以，当我们讲话的时候，会带着觉知，不会在话里"放钩子"。同时，当别人"放钩子"的时候，我们也能保持平静，不被勾动。

情绪是我们获得真正自由的一把钥匙。只要每日觉察、觉知，我们真的可以做到"随心所欲不逾矩"，而不必等到70岁。

练习10

四步了解情绪发生的机制

根据科里·帕特森等人在《关键对话》一书中的分析，我们在沟通中的情绪发生及作用模式包括下面四步：

1. 所见所闻

2. 主观臆断

3. 形成情绪

4. 产生行为

讲一件发生在我朋友身上的事情，我们可以在这个过程中来看看这四步的发生机制。

长假前的一个中午，Sophia开了一个跨部门的会议，她希望这是一个高效的会议，但是另一个部门的同事心思并没有在会议上，讲着讲着就提到了放假去云南玩，仿佛整个人都已经神游过去了。Sophia很着急，因为这场会议结束后，她还有另一个会议要开。在最后十分钟的会议时间里，她很想把话题聚焦到主题上来，多次尝试无果后，她“啪”把笔记本一合，甩下一句“既然你不想好好开这个会，那就到此为止吧”，然后愤然离席。

Sophia后来跟我讲，她已经好久没有在公开场合发过这么大的脾气了。她当时感觉自己非常的生气，她觉得自己没有被尊重。

表4-1　Sophia的情绪分析

情绪发生机制	Sophia的情绪生成过程
所见所闻	会议中同事聊一些无关的话题
主观臆断	Sophia觉得这是有意的，是对她的不尊重
形成情绪	基于自己的主观臆断，Sophia非常生气
产生行为	合上笔记本离开会场

通过这四步我们可以了解自己的情绪，事实是什么？我们的主观以为是什么？我们是怎么在这种“以为”中产生的情绪以及做出的行为。

Sophia平静下来后，她发现同事当时只是放假心切，思绪飘到了未来，并不是有意针对她，也并不是有意不尊重她。当她放下自己的“以为”后，她发现情绪也就释然了。

透过这四步我们可以在工作生活中，多做一些情绪的觉察，把情绪的产生机制看明白，我们便可以不被情绪所制约，真正成为一个念念分明的清晰者。

第二节　清晰思路带对方拨云见“悟”

用“真问题”提问，让无解题化解

我们常说“给自己出难题”，的确，我们很会给自己出难题，而且是那种让人抓狂的二元对立无解题。

学员对话

小叶： 我儿子很喜欢恶作剧，毕竟是6岁的小男孩嘛，可以理解。他有一把玩具小手枪，是金属做的，很小，他经常趁我们不注意，就用手枪戳我们一下，还挺疼的。这个事情我和他爸爸都跟他说了好多次了也没有改。昨晚我在餐桌吃水果时，他突然跑过来，用玩具枪戳了一下我的大腿，我非常生气，很凶地吼了他，他就跳起来跟我对着干。我现在心里有些纠结，到底对孩子的度应该怎么把握？对他温和，他觉得你没有威慑力；对他很凶，又怕他活得战战兢兢，又会心疼他。

大泽：嗯，比较复杂。我听到你心疼孩子，心疼孩子什么？

小叶：我听说过如果一个人有幸福的童年，一生都会被童年治愈。在我小的时候父亲对我有很多的限制，有很多的不允许，我就一直会感到很累。自己做母亲后，就会给孩子很多的允许，但我又不知道是不是因为我给了他太多的允许，就变得没有原则了，这个度让我觉得很纠结。

……

那天小叶和大泽的对话始终盘旋在“对待孩子的度要如何把握”上，绕来绕去，跟走进迷宫一样绕不出去。

有一句流行语说的是：The truth is out there（真相就在那里）。然而，真正的解答不在“那里”，因为真正的问题不在“那里”！但是人们老爱往“那里”看。

当我们被自己提出的一个问题卡住时，一定要保持警觉，这个问题未必是挡住去路的症结。

我问了小叶一个问题：“孩子用手枪戳人，这个行为发生了很多次了，你有没有去了解他为什么总是做这件事，屡禁不止？”

小叶说，还真没有了解过，不过听到这个问题时她特别感兴趣，说今天晚上回去就要问问儿子。

第二天一早，她在群里发了一段她和儿子的对话。

小叶： 宝贝，妈妈很好奇，你为什么总是喜欢用手枪戳我们呀？

儿子： 因为我想吸引你的注意呀，这样你就会把头转过来看着我，可以跟我说话了呀！

小叶： 原来是这样呀！可是戳我很疼的，妈妈会生气的，妈妈说过很多次我不喜欢这样，即使妈妈生气你也想这样做吗？

儿子： 也会这样做呀，因为这样你才会转过头来看我，听我说话。

小叶： 那如果你想跟妈妈说话，你可以直接跟妈妈说，请听我说，这样妈妈就会转过头来看你了。

儿子： 可是我说了这样的话，你们也不听，也不理我呀！

小叶在群里说，经过了这样的对话，才发现原来儿子做这件事情是有他的初衷的，和自己想象中的一点都不一样，她深感惭愧和心疼。

“你有没有了解过孩子为什么总是戳你？”和“对待孩子的度要如何把握？”透过这个案例，你对哪个问题才是直指核心的“真问题”有些感觉了吗？第一个问题让小叶去了解了事情的真相，她对自己有了反思、觉察。至于“对待孩子的度要如何把握？”那只是她给自己施的障眼法，自己把自己迷惑了，自己让自己纠结。

生活中，当我们把注意力放在一些伪问题上的时候，就与真正的问题失之交臂了，继续在误解中走向无解。而如果我们稍作转换，把无解变成“去了解”，我们就可以不跟自己内耗，不把自己逼疯，而是在正常沟通对话中走向理解、化解。

思考题

小云：我老板前两天在开会的时候，当着一群人的面对我说：“你这个人不太好用，用你不太好用”，听他这么一讲，我当时就蒙了，缓过神来之后就有些生气。这两天我反复问自己，我要成为一个被别人评价为“好用”的人吗？我感觉这个问题把自己卡住了，好像一道无解题，解啊，解啊，却解不出来，非常困惑。

如果是你来和小云对话，会对她做怎样的提问让她走出困境？

关注微信公众号《娜你说说吧》，回复关键词“对话”，看参考答案。

避开陷阱问题，让对方不再纠结

面对生活中发生的事情，我们常常会陷入左右为难、摇摆不定的状态。这时，如果你继续问他向左摇是因为什么？向右摆是因为什么？他会继续在左右摇摆中“是……但是……”

学员对话

小宇：我目前刚回国，正在隔离，妻子带着两个孩子在法国，我有些担心。那边感染的人数在不断上涨，学校一直在上课，也没有停课。想来探讨下要不要说动他们回国呢？

大凯：回国的话会怎样？

小宇：孩子读书会是问题，路上也有风险，法国那边的房子要怎么办……

大凯：不回的话会怎样？

小宇：我会继续担心妻子和孩子的状况，毕竟我不在他们身边嘛，如果万一有什么情况没有人照顾他们呀。

大凯：那排除担心是不是你想要的？

小宇：我肯定不想一直担心，但就是忍不住啊，就在想：是劝他们回来呢，还是待在那里呢？

……

到底是回还是不回？这个问题在小宇心中一定跟不倒翁一样，摇晃了好一阵子了，当我们面对人生非此即彼的选择题时，我们会在心中画个列表，去分析、计算、权衡，但比较来比较去，还是会发现回有回的道理、优势，不回有不回的道理、优势，还是会感到困顿、纠结，不知道怎么选。

当小宇已经在回与不回间来回千万遍的时候，大凯再问他，“回国会怎样？不回会怎样？”这就是陷阱问题了，大凯和小宇就一起掉到陷阱里，很难上来了。

这时需要问的不是摇摆的陷阱问题，而是能把对方定住，不再让他摇摆的锚定问题。

教练示范

娜娜：小宇，我听到你讲要不要回国这个问题，好像是面临着一个抉择。那小宇以往面对类似抉择的时候，你会考虑些什么？你会做怎样的选择呢？

小宇：你这么一问，我想到了当初移民的时候，我是不想去法国的，当时也会有一些纠结。因为我很看重家人的意见，当时能感受到妻子内心非常强烈的渴望，她想去那边发展，当我感受到自己对她的依恋和爱的时候，我放下了担心和纠结，决定跟她一起开启一段新的生活。

娜娜：了解了，在你的人生中，移民是重要且重大的一件事，当时也会有一个选择上的难点。你会考虑家人总体上的意见，这是你关注且尊重的。

小宇：是的。

娜娜：当面对一些两难的选择时，你会考虑家人的意见，这是你关注且尊重的，这也是你面对选择时的锚定点。好像有了这个锚定点之后，你就有了中心，就找到了那个稳定点。它可以让你不再纠结、摇摆。此刻，我请你回到这个稳定点，去感受一下立于稳定点时的坚定，不摇摆。那此刻你可以连接上吗？

小宇：可以的，你让我连接到了稳定点之后，我现在平静了很多，不再摇摆了。我的内心升起了对妻子的信任，先按妻子的想法走吧。先这么走走看，再做决定。

娜娜：那当你按照妻子的想法先这么做了，你此刻的心情是怎样的？

小宇：很神奇的转变，感觉心里平静下来了，不再有那么多的纠结了。

通过这个案例，当朋友、亲人纠结要不要买房，要不要结婚，要不要……时，你是否会有一些新的解题思路了呢？

转化想法，让对方从不喜欢到喜欢

我们在对话中习惯给对方提建议，告诉对方只要这么做就会有好结果，但在现实生活中单纯提建议往往是无效的，因为建议是一个道理，我们不缺道理，缺少的是发自内心的意愿。

学员对话

小梅： 我发现最近自己不怎么喜欢读书了，我有一个习惯，特别喜欢买书，很想读书，但就是不喜欢读。

大磊： 如果你每天花点时间去读书，你感觉你的状态会怎样？

小梅： 感觉知识面会更广博，挺好的。

大磊： 你很想读书，如果能每天花15分钟持续做这件事，一直做下去，就会成为你想要的样子。

小梅： 我读书太慢了，太耗费时间，我不愿在这上面耗费时间和精力，拿起书就犯困。还有，为了看书而看书，看书的意义也不是很清晰。

……

“每天读书15分钟”，大磊虽然把具体的时间都给小梅规划建议好了，看上去也不难做到，但小梅还是站在原地没有动。

想通过对话让一个人行动起来，给建议只是隔靴搔痒，关键的核心是你能不能激发其内在的意愿。

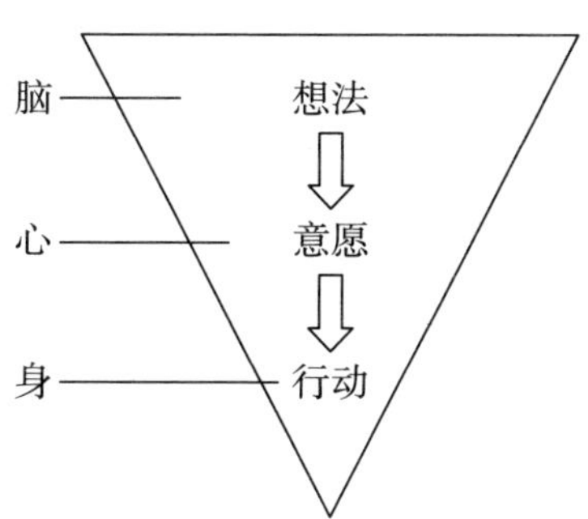

图4-2 行动产生于内在的意愿

小梅现在不读书，是因为内心不喜欢、不愿意，内在没有意愿，外在就没有行动。想让一个人转变态度，由不喜欢到喜欢，由不愿意到愿意，还得回到改变一个人的想法上。

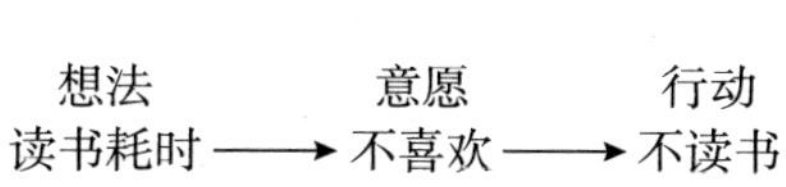

想法　　　意愿　　　行动

读书耗时 ⟶ 不喜欢 ⟶ 不读书

图4-3 意愿—行动转变示意图

正是因为小梅觉得自己读书慢，认为读书是一件很耗时的事情，所以会让她不喜欢读书。如果我们能转变小梅的想法，就能转变她的意愿，进而能产生读书的行动。

教练示范

娜娜：小梅，听到你讲“我发现最近自己不怎么喜欢读书了”，听上去你曾经是有过喜欢读书的日子的，你现在能回忆起那段时光吗？

小梅：我刚刚在旅行社工作的时候，会看一些跟工作相关的书，看完了就能应用到工作中，能看到读书对我的意义和价值。

娜娜：你期待读书的成果可以应用到你的工作中，这是你的需求和对读书的期待，也是你看到的读书对于你的意义，这对于你有什么启发吗？

小梅：有的，我发现当我有需求的时候，内在的需求就可以成为我读书的动力。看那些与专业相关的书，可以满足我的即时需要，我就会比较快地看完，同时能用起来。我发现对于非专业类的书，我也抱有同样的期待，所以当它们不能即时满足我的需要的时候，就产生了倦怠的心理。

娜娜：所以，你看到了内在的需求会成为你读书的动力，这对于你接下来怎么去读书有什么帮助吗？

小梅：有的，我准备先从专业书开始，这是我需要的，读起来也不费力的，并且能快速看到成效的，先从这些书入手培养读书的习惯，有了这个习惯再做读书范围的扩展。

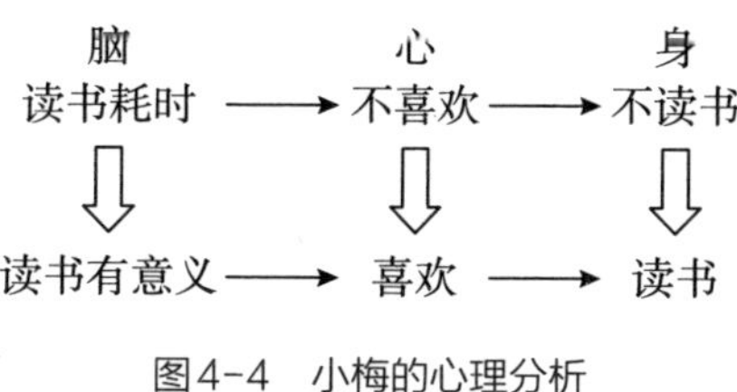

图4-4　小梅的心理分析

行动来自意愿，意愿来自想法。当我们把身、心、脑有机地整合时，我们自然就能来到知行合一的境界。从一开始的一个小小的支点，逐渐扩大范围。

练习11

用60秒说3点，成为一个表达清晰的人

在麦肯锡，有这样一个典型案例，被称为“电梯法则”。

它源于麦肯锡的一个真实故事。一次项目会议中，因客户临时有事要提前离开，临走的时候，他对项目负责人这么讲：要不这样，你跟我一起坐电梯，在电梯里简单介绍一下项目情况。当时的项目负责人，在电梯里没有说清楚这件事，结果被客户投诉了。

之后麦肯锡吸取教训，要求所有的顾问和管理者，无论手头的工作多么复杂，都必须用30秒把问题说清楚。

在这里有个很隐晦的事实：如果在30秒内讲不清楚一件事，那么给你30分钟也未必能讲清楚。

我们虽然不见得能遇到在电梯里谈客户这种事情，但在有限的时间、空间内，把一件事讲清楚，的确很考验我们的思考力。为了把自己锻炼成为一个清晰的表达者，我曾刻意练习过500条“60秒语音+视频”。我把这个过程设置了三个阶段。

第一阶段，把看过的文章，围绕一个观点，能用60秒表达出来即可。

第二阶段，自己设置一个命题，比如“懒是一件好事”，

用三点（这三点尽量符合MECE原则，不重不漏）来论证。

第三阶段，我会找一个流动的场景，比如公交、地铁上，等公交、地铁时在站台旁进行练习，这个场景算是即兴表达了，同时还能练习对“观众”的评价脱敏。

思路清晰，表达才有力，如果你的表达呈一团团的云雾状，而不是脉络清晰的线性形状，那的确需要加强练习了，你可以按照我的三阶段来练习，也可以在练习过程中探索你自己的方式和节奏。

第三节　推进行动助对方达成所愿

运用赋能句式，让对方满血复活

比起看到别人的好，我们更擅长挑出别人身上的问题。对我们自己也不例外，我们常常看不到自己的"做到"。这时，如果有一双善于发现美的眼睛，看见我们的"做到"、反馈我们的"做到"，鼓励我们，那会是极大的赋能。

学员对话

小茜：我正在让自己一点点地进入状态，一分钟前还有同事给我发信息。

大晨：哦，慢慢地调整状态中，那我们可以不着急，做三次深呼吸，等你调整好的时候，我们再开始今天的对话练习。

小茜：我确实需要一些时间来切换一下模式，现在可以了。前两天在旅游中，我心情非常的放松、喜悦。回来后面对非常多的工作，内心莫名地有些慌乱，这些慌乱还带来身体上的反应，浑身都不舒服。

大晨：所以，你希望的是在忙碌的工作中也能保持那份安定、喜悦的心情，是这样吗？

小茜：是的。

大晨：好，那此刻你将自己再次调频到旅游的那个状态中，来看看面对复杂工作的时候，你是怎样的一个情况？有没有什么不同？

小茜：我现在不大能连上。工作中大多时候我需要孤军奋战，依靠个人的力量，要面对比较多的挑剔的声音和期待，自己会有一些退缩和莫名的恐惧。

……

大晨：我问不下去了，可以就到这里吗？

小茜和大晨的对话结束后，我问大晨现在感觉怎样。大晨说有些沮丧，感觉自己什么也没做到，对小茜也没有什么帮助。

我们常常因为没有达到最后的结果，而一并否定了自己过程中的“做到”。我们的信心是在一点点“做到”中积累起来的，而好的结果也是在不断夯实中、在一点点的做到中达成的。所以，让一个人清晰地看到他都做到了什么是很重要的，无论是在一次对话中，还是在日常工作中，反馈他的做到，他会感觉被看见，进而提振信心。

教练示范

娜娜： 大晨，我至少看到你有这三方面的“做到”，而且还做得很自然：

第一，你做到了“连接”。你听到了小茜的状态，她一分钟前还收到了同事的微信，所以，你说不着急，先来做深呼吸，让小茜进入对话练习的状态。这个放松也正是小茜当时需要的，她也很及时地给了你反馈，你一开始做的连接是有效果的。

第二，你做到了“聚焦”。你问小茜想要探索的是不是“如何在繁忙的工作中依然可以保持那份喜悦安定的心情”。小茜说，这是她需要的。这是你对她话题聚焦上的做到。

第三，你做到了“真实”。在练习时间还剩三分钟的时候，你说不知道该怎么问了，能不能进入下一个环节。不知为不知，是知也。当我们感觉不知道怎么问了，就真实地表达出来，这是很难得的。

听我讲完这三点，你现在感觉如何？

大晨：我感觉自己被赋能了，听你这么一讲，感觉这些部分，我今后都会持续地做到，也会更坚定。

娜娜：这是你的三点做到，接下来你希望还可以做得更好的一点是什么？

……

“你做到了……还可以更好的是……”这是给别人赋能时，一个特别好用的句式，前半句最好写三点细节，后半句提一点建议，我把这个句式命名为“3+1”句式。

用好“3+1”句式，需要注意以下的一些原则和方法：

1.“你做到了……”最好讲三点细节，每一点用一个核心词做概括。比如我在案例中提到的“连接”“聚焦”“真实”，让对方清晰、真切地看到自己的做到，巩固他的信心。

2.“还可以更好的是……”在询问对方的基础上，给出对方想要提升的一点，除非对方继续发问，否则不用讲第二、第三……一次主攻一个点，让对方收到、有收获就够了。

3. 这个句式也可换成“我做到了……我还可以更好的是……”用这个句式也可以给自己赋能。和“我做得不好的是……需要提升的是……”来做一个对比，感觉一下在能量上会有什么不同？

把“你/我做到了……你/我还可以更好的是……”用在每次对他人、对自己的复盘中，体会每次复盘后，参与者能量的变化。

行动方案越具体，对方越有行动力

我们常会用“是……但是……”的模式来限制自己，“我想要……但是我行不行，能不能？”当把注意力放在“但是”上时，明显地，我们就没有那么多想要行动的力量了。

学员对话

小思： 我业余时间很喜欢跳舞，我有一个梦想，希望有一天可以开自己的舞蹈专场。但是又觉得这有点不切实际，离我太远了。因此有些迷茫、犹疑，我还要不要继续做梦了？

大奇： 你跳舞时心情是怎样的？

小思： 很开心。

大奇： 那如果不让你跳舞你会怎样？

小思： 很痛苦，很难受。

大奇： 那你现在的状态和想要的目标之间的差距是什么？

小思：我一直认为不光是自己沉浸在里面，还能给自己带来更多的认可。舞蹈是一种表达方式，就像一门语言一样，我希望更多的人看到我理解的舞蹈之美。但是我在网上一搜，就算是专业的舞者，也鲜有能开专场的。

……

从这段对话中我们可以清晰地看到小思对舞蹈的热爱，但她自己会被“行不行”“能不能”干扰。如果我们再让她去看“差距”，那她的阻碍和干扰就会更大，就更不会有想去行动的心力了。

这时如果我们听到了对方心里是真的很想去做，意愿非常强烈，那么就可以带他直接在行动中去化解干扰。

教练示范

娜娜：小思，你想要开舞蹈专场的梦想，我们先抛开你能不能，先看你想不想、有多想，按照你的意愿，0—10分你会打几分？

小思：九分。

娜娜：那是很强烈了。你对舞台是什么样子、底下坐了多少观众等，这些有什么期待呢？

小思：我看过一些舞者的演出，观众离舞台很近，几乎是包围着舞者的，舞台不是很大，不是那种大剧场式的，观众人数也就一百来人。

娜娜：那你准备用几年的时间站上去呢？

小思：六年吧。

娜娜：那前两年你准备做什么？

小思：我会非常用功地打磨我的技艺，把所有能挤出来的业余时间都用来练功。

娜娜：具体的练习形式是怎样的？跟视频练习还是有老师指导？

小思：对，你这么一问，我发现我之前都是在上大课，有了这个目标后，我要找一位专业的老师一对一指导。今天就把这件事定好，我心中已经有人选了，接下来直接去谈就好了。

娜娜：经过了这样的细化，你感觉此刻的心情怎样？

小思：非常喜悦，感觉离梦想更近了。

对话结束后，大奇说："不仅是小思感觉很喜悦，我都替她感到开心，也感受到了什么是真正的赋能，这么一点点地把一个梦想细化，就会让小思很有行动的动力。"

跟那些厉害的人比，常常让我们感到无望、自卑，这让我们忘记了，高手的起步姿势也未必好看，他们在面对人生艰难时也会有很多挣扎。但只要我们真的想、真的干，我们就是在完成人生的自我超越。用行动战胜恐惧、未知、不确定，人生将收获一份富足的体验。而对话的作用，就是在对方还摇摆不定的时候，由你接引着他，向前一小步再一小步，扎实而坚定地不断前进。

活出自己是一个人最强劲的行动力

我们最常关心的是怎么去行动，制订计划、清单……这是我们熟悉的。然而比这些更重要的是，一个人带着一种什么样的状态、能量去行动。

教练示范

娜娜： 书稿写完后，对于未来要怎么去推这本书，做哪些营销，现在还有些卡，“素人出书”“新手作者”，这样的标签让我不是那么有信心。

师姐： 卡是你的感受，我们在这里可以做些什么让你感觉不卡，还可以拓宽思路呢？

娜娜： 我感觉书是一个媒介，可以用书去链接一些人，但不知道能不能链接得上。

师姐： 我突然发现一个重点。我在寻找的也许也是你正在寻找的，完全是出自你的、很独特的、很有热情的能量。这本书是你对这个世界发出的声音吗？当你可以发出这样的声音的时候，你也就会吸引到同频的人。当你带着这样的一股能量跟人去讲的时候，你会感觉很不一样。你也可以说一说你的感受。

娜娜：对，听你这么讲的时候，我感觉到写这本书是我内心的召唤，是我发自内心的声音。我这一路走过来的经历、探索，都是这本书的素材、积累。之前我是教大家说话的老师，我一直有一个困惑，为什么像我这样，说话清晰、有逻辑，还有说服力的人，跟人的关系却无法亲近？学习了心教练后，让我实现了从说话到对话的跨越，由术入道，开始了解人、连接人、理解人，不再执着于我想讲什么，而是能关照对方的需求，看到对方在哪里，真正地回到了对人的关注上，这是我的一些做到和这本书所传递的价值。

师姐：刚才我听你讲，从说话到对话的改变，你知道这个过程中发生了什么吗？你在说的过程中，我就变成了那个对的客户。在你说之前我也不知道自己是不是那个客户，但在听你说的时候，我会觉得这是我认同且需要的，而且会感受到这也是大家的需求。我在你说的过程中变成了你的客户，这对你有没有什么启发？

娜娜： 对，听你这么讲，我找到了内心的底气，我的书作是有独特价值的，在跟人讲的时候，我感觉到来自心底的力量和底气。

……

一次顺畅、有深度的沟通是有绕梁余音的，它让往昔激荡重现——

20年前，我战胜了口吃，站在了大学的演讲台上，成为了更好的自己。

16年前，我战胜了镜头前的恐惧，一次次地录制现场导语，从“金N条”到“金一条”，成为了更好的自己。

5年前，我离开了工作多年的单位，战胜了舒适区里的安全感，转型为一名演讲教练，成为了更好的自己。

3年前，我从教说话到辅导对话，成了一名生命教练，越来越了解生命，自觉、觉他，成了更好的自己。

我以前并不是很清楚，为什么自己会如此执着于表达，不断地学习精进，持续地在各个维度上做这么一件事，现在我很清晰的是，如此热爱的背后，关联的是“我是谁？”“我会成为一个怎样的自己？”

从说话到对话，从期待别人的认可，到连接自己内在的本自具足，我在这条路上一次次地实现着自我超越，不断地成为更好的自己，我想这也是每一个想要学习表达的人，共同的原动力、动力源。

感知到这样一种能量的时候，一个人是没有胆怯和畏惧的，会安心、坦然地做任何事，带着放松、积极的心态面对任何人。

练习12

我口讲我心，最真挚动人

有一次我跟一位朋友吃饭，我问她脖子上戴的项链是什么木制成的，她说是雪松，然后就开始眉飞色舞地给我讲，自从戴上这条项链……她讲的内容中有故事，也有我之前不知道的知识，更吸引我的是她讲话的状态，带着非常强烈的情绪、情感。那一刻，我是被她吸引的。

和这个场景形成鲜明对比的是，我们一起在线下上课的时候，当时有现场演练的环节，她给我们模拟推销一门领导力的课程，她站的位置是很高的，一二三讲得也是生硬的，仿佛我们买了这套课就像获得了恩赐一般。她这样的表达，让观众有一种想要逃离的感觉。

同样是一个人，为什么在表达时的差异如此之大？更重要的是，我们怎么让自己总能调频到那种打动人心、有感染力的状态？我有很认真地思考过这个问题。

我得出的结论是，一个人真心分享时那种自然流露的状态，是能够连接人、打动人的，要好过那种在大脑中搜索技巧，带着一种我要说服你的劲头的表达。

所以，这一节的练习，让我们来找出一件自己喜欢做的事，或是一个物件，把对它的喜爱之情表达出来，不用去思考以往学过的任何模型、公式，想怎么表达就怎么表达，想用什么表情、肢体语言，也完全让它流露出来，体会在心流上讲话的感觉。内心感受着对它的热爱，外在表达着对它的热爱，我口讲我心，心口合一，那一刻，真挚将胜过任何辞藻、技巧，你是闪闪发光的。

后　记

对话，让我们活出真正的自己

我在写这本书的时候，经常会去当当网查一些沟通表达畅销书的书评，以此来了解读者的需求。当看到“太套路，太心机了”这样的评论时，我很理解读者当时的心情和需求，他们正在表达强烈的心声——那些技巧、“小聪明”我不见得能做到，因为我不能为了学习对话技巧，而让自己成为一个不像自己的人。

读者是敏锐的，对于外来的东西，如果不能和他的内在融合，会本能地引起排斥。他们期待书的内容是真诚的，作者是真诚的。而真诚的背后，他们的诉求依然是回到自己本身，做真正的自己。

这本书就是在透过更好的对话，让我们做自己，成为自己。

我们每天讲的话是我们的言行，它浮在冰山表层。冰山最底层那里冰封着“我是谁”这个我们千百年的叩问。

对话的意义就在于，它可以由表及里，透过不断地对自己的觉察，有一天让我们可以来到冰山的最底层，解除冰冻的封印，清晰地回答出“我是谁”这个问题。

每个人都是一座冰山，洞穿自己的冰山，需要我们透过对话，感知自己的感受（心情）、想法（心智）、期待渴望（心声）。感知“三心”就是在做自我了解，了解得越多你越能接近“我是谁”的终极答案。

一开始我们带着学习说话、对话的目的而来，当我们由外而内对自己开始有所觉察、了解的时候，目的就变成了路径，那份处在当下的、专注的生命状态才是我们最渴望活出的真我。

我们的人生起于对话，衷于自己！

每座冰山都有90%的相似度，当我们能理解自己的冰山，也就更能理解其他人的冰山。人与人之间将不再是一座座孤岛，世界也将成为手拉手的连环。

这是我对于对话意义的理解，也是我希望这本书可以传递的价值。愿这本书成为你探索“我是谁”破冰之旅的一把铁镐，挖掘生命底层的力量，绽放生命力的色彩。

最后，愿你能发现教练的意义和价值，能够找到一位持续陪伴你探索、成长的教练，他会让你在一个个“啊哈”的惊喜声中，领略人生更美的风景。

参考答案

练习5：

这个问题的范围有些大，也比较难回答。如果是我的话，我会这样来问：

“后来想想老公的建议是对的”，这是你的发现，当你有了这个发现的时候，你当时的心情感受怎样？

当时，跟A也做了核对，她反馈说这个问题让她很有连接感。

练习6：

我当时的回应是，听到你讲“一日不练如隔三秋”，能够感受到你想要每天练习、持续精进专业的渴望，同时也能感受到你想要每天在线上跟大家联结的渴望。

练习8：

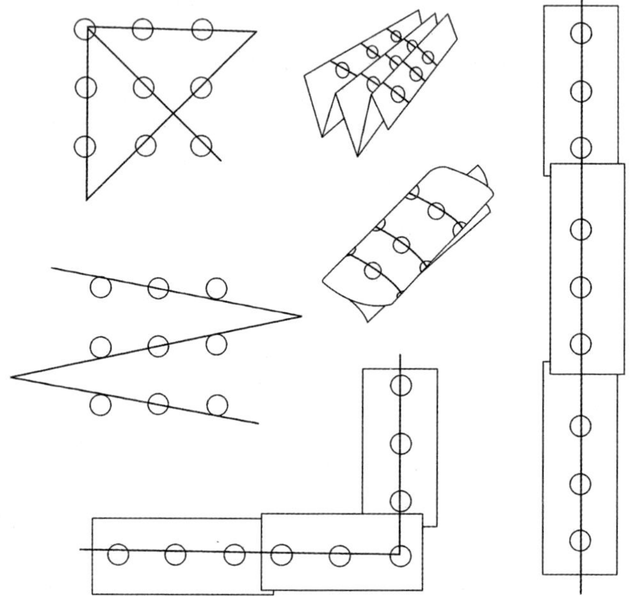

图书在版编目(CIP)数据

高效对话：练就直击人心的关键对话力 / 金莉娜著.—北京：中国法制出版社，2021.8

ISBN 978-7-5216-2104-4

Ⅰ.①高… Ⅱ.①金… Ⅲ.①语言艺术－通俗读物 Ⅳ.①H019-49

中国版本图书馆CIP数据核字(2021)第157054号

责任编辑：马春芳　　封面设计：汪要军

高效对话：练就直击人心的关键对话力

GAOXIAO DUIHUA：LIANJIU ZHIJI RENXIN DE GUANJIAN DUIHUALI

著者 / 金莉娜

经销 / 新华书店

印刷 / 三河市国英印务有限公司

开本 / 880毫米×1230毫米　32开　　印张 / 7.25　字数 / 127千

版次 / 2021年8月第1版　　2021年8月第1次印刷

中国法制出版社出版

书号ISBN 978-7-5216-2104-4　　定价：49.00元

北京市西城区西便门西里甲16号西便门办公区

邮政编码100053　　传真：010-63141852

网址：http://www.zgfzs.com　　**编辑部电话：010-63141822**

市场营销部电话：010-63141612　　**印务部电话：010-63141606**

（如有印装质量问题，请与本社印务部联系。）